嘿大头
Hidato® *fun*
犹太人超强大脑训练 ②
203个逻辑谜题

		㉖⁵					
	①	64	10			13	17
		5	63	9	12	16	
	61		6			27	21
			7	49		25	
58	57					24	31
	45	56	55	53		30	33
43				39	52		34
	42				38		

〔以〕吉奥拉·M.贝内德克 著

ARTTIME
时代出版
时代出版传媒股份有限公司
安徽科学技术出版社

[皖] 版贸登记号：12171710

图书在版编目(CIP)数据

嘿大头：犹太人超强大脑训练. 2 / (以)吉奥拉·M. 贝内
德克著.--合肥：安徽科学技术出版社，2017.9
ISBN 978-7-5337-7344-1

Ⅰ.①嘿…　Ⅱ.①吉…　Ⅲ.①智力游戏　Ⅳ.①898.2

中国版本图书馆 CIP 数据核字(2017)第 201036 号

HEIDATOU YOUTAIREN CHAOQIANG DANAO XUNLIAN 2

嘿大头　犹太人超强大脑训练2　　　　［以］吉奥拉·M. 贝内德克　著

出 版 人：丁凌云　　选题策划：余登兵　张　雯　　责任编辑：左　慧
责任印制：李伦洲　　封面设计：朱　婧
出版发行：时代出版传媒股份有限公司　　http://www.press-mart.com
　　　　　安徽科学技术出版社　　　　　http://www.ahstp.net
　　　　　(合肥市政务文化新区翡翠路 1118 号出版传媒广场，邮编：230071)
　　　　　电话：(0551)63533330
印　　制：合肥创新印务有限公司　　　　电话：(0551)64321190
(如发现印装质量问题，影响阅读，请与印刷厂商联系调换)

开本：710×1010　1/16　　　印张：10　　　字数：120 千
版次：2017 年 9 月第 1 版　　　2017 年 9 月第 1 次印刷

ISBN 978-7-5337-7344-1　　　　　　　　　　定价：25.00 元

目 录

介　绍

如何玩?

每一个嘿大头谜题都是一个网格，网格里已填有部分数字。

6		
	2	8
1		

要完成谜题，就得在网格内填上缺失的数字，使得连续的数字可以水平地、垂直地或对角地连接。

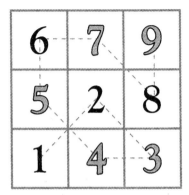

嘿大头解题小窍门

小窍门1：每一道谜题对应唯一的答案。

小窍门2：嘿大头谜题需要完全运用逻辑思维来解题，不可胡乱猜测。

小窍门3：谜题中第一个和最后一个数字已用圆圈标出。

小窍门4：解题时，可以不从第一个数字开始。有时，从其他数字开始推算，更容易解题。

小窍门5：从大到小解题，可以发现重要的解题思路。

嘿大头谜题示例

下面的示例演示如何解答嘿大头谜题。

	8		4
			3
	10		①
12		⑯	15

标有圆圈的数字表示最小的数字是1，最大的数字是16。解题可以先从连续数字1、2、3开始。这样，就有两个空格可以填数字2。但目前还不确定在哪个空格里填数字2。

	8		4
		2	3
	10	2	①
12		⑯	15

因此，看一下其他数字怎么填，可以给你思路。

从整个谜题上看，想要填上数字 4~8、8~10、10~12，还没有足够的信息。然而，填上连续的数字 12~15 只有一种方法。倒着推算，你就会发现，只有一处可以填上数字 14，因为数字 15 旁边只有一个空格与之相连。

	8		4
			3
	10	14	①
12		⑯	15

填上数字 14 后，数字 13 的位置也就显而易见。这样，数字 2 的唯一位置也就明确了。

	8		4
		2	3
	10	14	①
12	13	⑯	15

现在，数字 5、6、11 该怎么填，也很明确了。

	8	5	⇐4
	6	2	3
11	10	14	①
12	13	⑯	15

最后，填入剩余的数字，完成谜题！

7	8	5	4
9	6	2	3
11	10	14	①
12	13	⑯	15

这些简单的方法可以解答所有的嘿大头谜题，不论难易程度。

祝大家玩得开心！

12				8
	16		9	6
	14	18	2	
	19	①		4
21			24	㉕

谜题 1

14		9	㊱		33
15		10		32	
	11	4	6		
	17				30
	2		23	26	
①	20	21		24	27

谜题 2

热身

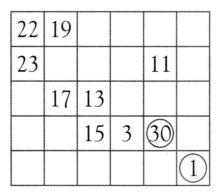

22	19			
23				11
	17	13		
		15	3	㉚
				①

谜题 3

---

		①		27
	5			28
4	㉞	■	32	25
12	13	16	19	24
				20

谜题 4

简单

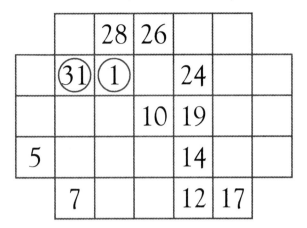

谜题 5

			9		㉔	
10						
		14	22			
		16	18	5		
			19		①	
					2	

谜题 6

简单

谜题 7

			33		
29		18			14
28			①	3	㉟
25	20			2	7
24		21			8

谜题 7

谜题 8

23	22				31
		26	29	30	33
11	12		14	19	
9			①	17	
	6				36
	5		㊴		

谜题 8

简单

	3		22		
12		21	①		
				29	26
		9	6	32	35
	8		㊱		

谜题 9

		15		27	
8		14			26
		34	31		
37	5	3		33		24
㊴			①		

谜题 10

简单

谜题 11

①				29		
2				28		31
	6		17		19	
	10		13	23	21	
		24		㊳		

谜题 11

谜题 12

	7	㊳			12	
	①		37	36		
5		3		34	15	
30			33	21	17	
		27		22		
		25	23			

谜题 12

简单

	21					
				①		8
27		16	19		7	
28		32				10
29	31			㉟	13	11

谜题 13

25		29		31	32	33
27		38	2	①	4	
	20					5
		40			11	
㊷	17		14	12		9

谜题 14

简单

	34	35		7			11
33				8	4	13	
29		22					(1)
	25		21				15
	27				(40)		

谜题 15

9	10	12		20		
7					17	16
	25			14		
	3	24				
2				35	29	
(1)	—	(39)	—		—	

谜题 16

简单

㊵			35	33		31	
4		36			18		30
		6	12	16			
				13		26	
9		①			23	22	

谜题 17

38			㊹	26			
			27	28			
		36		33			
	20	22		3			
	19	14	11			6	
			12		①		

谜题 18

简单

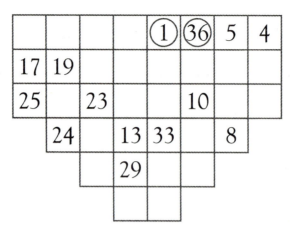

谜题 19

---

				①	㊱	5	4
17	19						
25		23			10		
	24		13	33		8	
			29				

谜题 20

			39	㊵			
	9				37	①	
14		8	7				34
		20	22	23		35	
	18					32	
							31

谜题 20

简单

14

谜题 21

	29		33	32		42	
	24			41	39		
	①				38		
			4	5			
			11	10	7		
17	18	15	12			9	㊽

谜题 22

		28		42	47		4	
26	29	41				49		
31					6	㊿	①	
		20				17	16	
		38		18				14
	35						13	

简单

15

50		41						
				38		34		
	3		43	37		22		
	4	45		15	21	19		29
1		8	9				25	
						17	27	

谜题 23

13		48		50	23			
			45		22	24		30
10		15	17				31	32
	7		18				37	
		6	1		42	35		
	3							

谜题 24

中等难度

谜题 25

	38					8	10	
37				41	6			
30		32	33	42				
	29	(45)			17	15		
28			44	19			3	(1)
				20				

谜题 25

谜题 26

			(1)					20
		37	25	3	6		21	
	32	27						
40		29		(50)	48	14	8	
					47			10

谜题 26

中等难度

17

11		14				35		33
10					36			
	7		①		39		30	
				40	41			
48	47	5	4					
㊿					43	20	22	

谜题 27

		45	29			18	2	
	48						①	
㊿				20	27	14		5
	35			26			11	
40				24	22		7	
39	37						8	

谜题 28

中等难度

谜题 29

						6		
		36	12		8			3
	31		11	(45)		(1)		
	30				17			
40							23	
			28					

谜题 29

谜题 30

21			25	34				
	19	23			35	40		
17				27			38	
	14	29		(54)	(1)		47	
15		10	8		2		46	
			7	5				49

谜题 30

中等难度

谜题 31

			⑤⓪			
		47	24	13		
	42	29			21	
41		28			20	
	36		①	10	9	8
	37	34	32			

谜题 32

43						53
	45		40			⑤④
10	9	47		6	36	24
12						25
	16				26	29
	14	①			32	27

中等难度

①	3			54		41	50		44
4			56		53				
	5				37				48
7	9		⑥⓪		21				
8			18	20			27	32	33
	12	13				28			

谜题 33

23				8	4	3	①
20					7		
		21	26			44	
		28		███			42
		17					46
32			14				
		34	36	④⑧			

谜题 34

中等难度

25				16			
26	23		15		19	①	
28			13		48		54
		10	5			57	
	33		8	7	40	41	44
31					60		

谜题 35

	23				28	29	
	19	24		35		31	
18		■	①				
		■	■	■	■		
		■	■	■	■		
		15			7		
	㊷	13	10	11		5	

谜题 36

中等难度

24							32	33
	22	21		28	9	8		
			2	5		37	38	39
		①		4	48		42	41
	14				46		44	⑥⓪
	15	52	50		55	45		

谜题 37

	24		19	44		46
28	26					
	22			17		
			33	㊾		41
		31			①	
10		7	3			
						36

谜题 38

中等难度

			46						36
55	54	50						34	
	57	17		14	44	12		38	
		20					32		
	21			27	30	10		①	
㊿60			25					2	

谜题 39

	24			14	13
26		17			11
28				9	
	20		36	7	
			43		6
31			42		
32	㊺	①	3		

谜题 40

中等难度

谜题 41

33	34			①		41		60
	36					44	42	
	30		3	6	10			58
	28	22	20		12		48	57
	19						53	56
					14	51	52	55

谜题 41

谜题 42

	36	27		39
29			38	
		①		
		18	20	
	17			
	16	5		
15			6	9

谜题 42

中等难度

		13		9					3
19	20			12	10	7	5	①	
	22			26					
							31		
				44	㊾				33
47	49		42		39		37		

谜题 43

	10	17	18		
	9				
6					
5	㊵	13		21	
	39	①	23	24	
		32	31		
	34				

谜题 44

中等难度

谜题 45

16	18					42	41	39	
15		19	20		45				
	12	10	26				47		49
	11		①	28			32		
7		4				30	34	33	
							㊄		

谜题 45

谜题 46

30	31						
28			33			36	37
		■	■	35			
㊹		■	■		16		
	21			■	13		
	22	2	①	6	7		

谜题 46

中等难度

25								39
	23	28	32	31			40	
				9			5	
20			48	47	8		42	
	16		14			51		3	①
18								56

谜题 47

---

	①				
	■	5		14	
37		■	4		13
38			■		17
32	39			■	
			20		■
㊷		29	27	21	

谜题 48

中等难度

谜题 49

2	4	5			16		18	
①		6			14		21		19
		45		11	13			24	
	46		42	43		31	30	
52				39	37		35	28
	54		㊗56					

谜题 50

45	44	43				38
			32		39	
①			㊽49			36
3						
		9		22	24	
	14	5	21		25	
16		18			26	

中等难度

29

		49		3			
	43				4		17	
	40	42	53		①			9
39		54		58	20			10
37	35	33			27		22	14	
			31	29	26	24			12

谜题 51

					17
			5	23	19
		6	4		
12			①		
		35		30	
㉟					
㊴	34		31		

谜题 52

中等难度

				14				
	6		10	17				51
5		21	11	16			50	
			19		32		57	
	①			42	35	39	38	
	25	28	29					60

谜题 53

		15				
				13	12	
18	21			7	2	
		20			①	
	23		34	32	5	40
		29	33			

谜题 54

中等难度

谜题 55

	27	29						55	
	26		37		⑥⓪	40			54
	21			35		33	42		
	20	11						50	
	17		13	7			44		
			14		5	3	①	46	

谜题 55

谜题 56

7		4		①			
	9	5	2		36		
	10	■	■	33			
12		■	■	32			
	14			■	42		
			22		43	29	
	18	24		㊹			

谜题 56

中等难度

43									21
	45			37	17	14		23	
47			38		36				
			32	28				8	7
		50		29	26	⑥⓪	①	4	
52	51		56				3		5

谜题 57

谜题 58

中等难度

33

		45		33			6		
			36		10	11	7	4	
43			60		28				①
		38				29		22	
		51		55		16	17		
							24		

谜题 59

10						
	8	14				22
	5	15	17		24	
6			30	29		
			①			27
	43				34	
	39	37		46		㊾

谜题 60

中等难度

		⑥⓪		31	30		26		22
57			33			25		20	
	56				12				17
	52		36	38		14		16	①
			47	44		7		4	
		42				9	6		

谜题 61

谜题 62

中等难度

谜题 63

(58)		(1)		3			
	44	41			8	7	25
		11		14			26
46	48		38	13	16		22
	49	36			19		
				33		20	

谜题 63

谜题 64

								55
	15	(1)	22			60		51
	14		23	28	27	61	63	50
				32		64		
	10						66	
11		5	39		34		67	
		38	36		43	45		(68)

谜题 64

中等难度

谜题 65

27					53			(60)
		25			52		56	(1)
	37		49			55		5
38			30	47	20	9	7	6
		32	43			18	10	
			45				14	13

谜题 66

		26			20	61			(64)
30				22	60		2	3	
					58	16		(1)	
	44						12		
41			34				7		
	36								
38	50	49							

中等难度

谜题 67

				8	⑥⓪		54	
22	24	18	12	9	10			
25		17		4		42		57
26		16	①	39				
	31		35				47	
								49

谜题 68

							30		
15				⑥④	59	24			
14		■	■			25	26		
8		■		55	21		■		33
	9	52				■	■	35	
	①	3		48	44	45	41	37	38
	4		47						

中等难度

谜题 69

			53		51		48	8	
(56)		39		45		47			
	27	38	44			11			5
			25			18		13	
				22		15			(1)
		34	33				16		

谜题 70

	37	39				46	7		
		32	41	50	15				
			29		51		12		
		30			58		(1)		
	23	21						3	(64)
			20				56	62	

中等难度

26		24	17		12	①	3	
	23			15	13			
	33	34	19		49		6	
	31				48			8
		53		36		41		43
	56			⑥⓪	38	40	42	

谜题 71

			48	15	16		①
	53				12	2	
57	52		46	23	24	25	9
60					8		
61		41		27		5	
64	⑥⑥		38		32		
		36			30		

谜题 72

中等难度

							30	32	
57	58	(59)			46			29	
10		3	①	52					
	13			5		39	27		
12				43					
					42	21			24

谜题 73

50		47					16	14	
	49			44	41		17		
		65		38		20			
63		36	37		①	4			
	55			33	(69)			5	
61			30		27				8
	60		31			24			

谜题 74

中等难度

16		14		10			6	
	18			9		7		
		21	59				53	
	29			40	55	52	46	①
		33	35	39	42			
	24	34			44			

谜题 75

50				57	58		65	
	48	53				60	67	
47		9		6	69			63
44		5		38		34		
45		4	2		23			
13	14	16	①	21	24	26		32
	17							

谜题 76

中等难度

谜题 77

			46				50		23
	(59)								24
		58					18		21
41	8	4		56	16				20
	5		12				32		28
		11	13		(1)				

谜题 78

30	28			(1)			61		59
31			2		8	9		57	
				18	11			56	
33		22	20		13			54	
	24		16				66		53
36		39	43	44					
					(69)	68		49	

中等难度

		①	31				57		47
	16	3		30	26		52		
					59	27	53		44
14		10					54	40	
13	11		8	7		38			42

谜题 79

			51	52	55		67	64	63
46	44							61	
45			①	4	3	69			
36	41								
35					7	9	11	13	
	38			26	27		20	18	
							23	21	

谜题 80

中等难度

谜题 81

30		(59)						
31				22	25		7	5
	57	54		20		8	(1)	
	34				51	17		
		45				14		11
36	44		47			15		

谜题 81

谜题 82

29					62			(69)
30		40	41		63		67	
	26	34		42	44	45	60	
32			21	20			56	
	(1)						48	
3	6		10	12	17		54	50
4		8			16	52		

谜题 82

中等难度

					(59)		11	10
	28	17		57	13	7		
26		33			5			49
24				53	4	47		
21			39	(1)	54			
22								

谜题 83

	20	39		44				
	22		38	41				51
		35	36			46	47	49
	34			58		12	10	
27				15			6	
28	30		67		63			(1)
	31	(69)				61		

谜题 84

中等难度

谜题 85

			21		44		46		50
	14		16	22		43		49	
①1		19		37				48	
	10			34	26				
	5			33			㊿59	55	
				32	30				57

谜题 86

					49	52	51	3	①1
42		39		47				5	
	㊿69	40							
		59	57			9			
	61		35		25	23	11		14
	65	30	29	33		21			15
	63		32						

中等难度

谜题 87

41		39					19	
	42	32	33	35	20			16
50	43				22		15	12
	51		45	30		①(1)	11	
			25			2	4	
	55	56	⑤⑨(59)			5	7	

谜题 87

谜题 88

27	26		23						
	29	33					12	10	6
		34		⑥⑨(69)	68	15	①(1)	2	4
		47				16			59
		36		66			60		
44		40				64			
		39					56		

谜题 88

中等难度

谜题 89

					24			
	19		6	⑥⓪		25	29	31
16		8			4	58		
		①					36	
	10	54			48	39		
12		53	52				46	41

谜题 90

⑦⓪			40	38			32	
	45	43	41		35	34	31	
46				13		16	27	
		48	49	53		15		18
						6	①	24
	63	58	59			5		20
		61		8			3	21

中等难度

48			30		27				
49		46						10	
		56		32	25			7	
44	57				23				5
	42					21			4
⑥⓪			38	39			19	18	①

谜题 91

		29		31	25			⑦⓪
						66	22	21
	49		33	27				19
	50				61			17
		40	58		4	10	16	
		52	56	3	5	9		14
43					①			13

谜题 92

中等难度

	25	26	⑦71				43	
21			70	37		39		
	19	■		35		66	■	
17		■	■			■	■	47
15						①1		61
		9	6			52	55	59
	12		7	4	53		56	

谜题 93

				38		31	29	
	58			37		32		25
56		41		35		16	21	23
55			42		13	17		2
52					46		10	①1
			■	47	■	■		
			■	■	■	■		
⑦70		50	■	■	■	■	8	6

谜题 94

难

谜题 95

65		67	69	70		23			
	63				71		19	17	(1)
	61	■		(72)	21		■		
		■			41	■		4	
53		58	31	32					10
		47	44				38	6	
55	56					35	37	7	

谜题 96

25		27	29			33	34		68
	23				60			35	66
19		21		57					
	(1)		4	56				37	
16		2			54	53	51	48	(72)
	13	11	■		7		■		
		10	■	■	■		45	46	

难

谜题 97

		49								
	51	47	45		29			26	22	21
	57	■			30	32	■			9
55			■		37	34	■	8		17
		60			①			7		16
			69						12	
63	62		68		72	㉜	4			13

谜题 98

18	19	21	24				56			
	16					53		57		
14					38			43		49
		30		35	37		44	45		
					34					47
11				32	■	66				73
①	3	5	6		■	68	69	71		㊙

难

53

	68	70			(73)			49	43	
		58				47	50			41
			59					30	32	
	61	60		9		28			33	
64		3			7					38
		11		16		19	21		35	
	①		13	15	18		22		36	

谜题 99

	①	48	47		44		74			(77)
	5	53		51		41		73	70	
	4					40		66		
					61	63				68
	14	56	16	17						
		10	19			37	26	27		
					24				28	

谜题 100

难

							14	
	63	62			①	11	13	15
		71	60	2	56	10		
	68	70			54	39	37	21
㉏							38	22
47	46		51		41		32	28
		50					33	29	27

谜题 101

		56						
60	57			52	50		25	33
	58				42			27
66		71		45		22	20	28
			72	47		44	19	
	68		㊋	5	7	10		
		①	4		8	12	15	14

谜题 102

难

55

	16					37	41		
	19	21		30			38		
①			13		32		39	46	
	9		24		63				49
76		11		65		57	58		50
			68			59		51	52
				71	70				

谜题 103

66			20		18	17		9	8
	65		22		55		16		10
71			61			15			
72			24		57	52		2	
74	73						38		①
	28		34		36	37		39	
76	29	30	32		49			40	

谜题 104

难

谜题 105

	76		55						
		50		52	3	1		11	
58		72	51			13	15		22
	70			43			16		
	68		41				17	19	26
		66	39	37		34	32	27	
								30	

谜题 106

		42			36		8
	23	44		35		5	
51	49			31	30		10
	53		21		15		
	55	57			17		
	58		65	66		1	
		63				76	75

难

谜题 107

	8		①	2	3		21		24
58			10		12	17		22	
59		54						26	
68			51	14					28
	67					43	32		
		72	49	47	45		42	39	38
	71				㊀76				37

谜题 107

谜题 108

	44	45					①	76	
					19				
	37		21		16		7		
	36	24	23	50		12		8	
34			26	54			11	68	67
	32	27			55	59	62		66
	31		29			58			

谜题 108

难

	71	72		(76)		(1)		8
	73					3		
	68	36		46		5	13	
	57		35	45			21	
65		56		32			22	
	64	62		33		26	23	16
60				51	50		24	17

谜题 109

	(76)	49	48		4		42	36
	50			2	3			
71				(1)	32		6	40
	70		56	30				
69		57		25				16
65	66	67		26		21	18	15
				27		20		

谜题 110

难

			62	61				75	55	77
	17	63			71	59	73			
			11	10		8				52
	19		15	2	1		48	47	50	
	20		14		3					
23					32	36		40		
25	26	27	29	33	35				42	

谜题 111

			22							35
2	1			20		25	30			
				18	26			42	40	
			15	17			55			38
12	11				59	57	52			
			65		62		51		48	
68		71		63	75	76	77			

谜题 112

难

		68					
			45		32	29	21
㊀72	52	46				23	
		47		41	27		17
			55	42	26		16
		62		①1		8	12
	59				4	6	

谜题 113

㊀72		69		55	19	16	
	71	67	66		57		11
					24		10
			64	59	22		
		44	62	34	26	6	
42							4
41	39	37				30	①1

谜题 114

难

		29		32			44	43
	27		㉚		51	47		42
	9			35	53			
	8		73	■		37		
	3	①	18			65	55	
			17				58	57
5	13				63			

谜题 115

		55					64	68
29	31		53	52				69
28		57		61			72	
	41		■		■			71
	26	43				㉟		①
25			18		13	10		6
	21	20		16	15		11	5

谜题 116

难

谜题 117

			74			53		58
	■		㊄75	73		52		60
	7	■	①1		51		56	
	11		20		50	45	64	
	13			47		37		
		23		28	32	33	38	
	16	24	26		30		35	40

谜题 117

谜题 118

			51			64		
44	45	49						60
	43		11	14		22		
			10		25	20	58	68
	7	5	3	①1			■	69
				30	31		18	■
						㊄75		

谜题 118

难

		47		70	8	7	5		①
	50			10			4	■	
		45	72			12	■	30	
65		43	41		14		32		
	55		40	㊟75		34			26
56			37	16		19	21	23	

谜题 119

73	57				53			41	
㊟75			33				39		42
	59		55						
70	61		17			14	47	12	
	■	29		19		49		10	
■				25		①	3	4	
			26	23				6	7

谜题 120

难

							72		70	(77)
	33	31	29			42		75		
			28	26						
15				19			51	45	67	
	13		10	20	22	53			47	
	3	11	8		56		60	59	65	
(1)										63

谜题 121

	57		(77)		12	13		9	17	
60	58						14		16	
	75								20	
				71	(1)	37				
52			69			39		26		
			48					33	31	
		50		47	43	45	34		30	

谜题 122

难

谜题 123

①		5			10	12		
	3		7		36		16	20
	50	██		37	33	██	22	23
		██	██		30	██	██	26
45		52			31		62	
	44				69			64
			㉛		68			

谜题 124

	52	54	56					
51				62	59		10	①
	35	34		64		13		2
		37	⑦⓪					3
		38		31	67		16	
			██	29	██	27	██	
			██	██	██	██	21	18
40	41		██	██	██	██		19

难

				㊄72	21	20	23	24	
			70	71	18				28
	54	■		48			■	29	
		■	■		6	■		33	
	56			8			34		
	14	12	11	9				36	
59	60			①1		40			

谜题 125

		17		67				㊄72	
	11	15			66	25		28	
		4			64		26	32	
6		2	①1	22				61	
7			45				60		35
51	50	48	■		44	43	■	37	
			■				■	40	

谜题 126

难

			18	20		23		27	
	①1		17		22		26		
6	3	■			15		■	32	
	4		■			■			
		58				38	⑦73		35
50	51	47	44	59	41			72	
		45		61	64	65	67		

谜题 127

	29		32	33				38	40
	2				73		⑦75		41
	①1	27			35	44			
	16			48	67	46	43		61
9		25						54	
10		14		■			53		59
				■					

谜题 128

难

68

					34	33		23	22
53		39		36		26			
		38	37			30	16	17	18
	58			69	70	28		12	
57	50		48					11	
							4		
					(73)	(1)	5	7	

谜题 129

			58			50			
	33	32	56		52				66
	38	39			48				74
30		42	41					64	
			44	(1)		62	7		77
	24		20	18	3			9	
	26	21			15				11

谜题 130

难

6		68		64	63			
	70	67	65			58		50
9		4		43	45			51
	72		41		46			
2		40			21	22		55
①	74	㊁75	36	18		32		25
					34	31	29	28	26

谜题 131

							5	
	59			53		3	7	
㊀75			51	①	32		13	8
	61				31		15	
64	62	46	47		30		27	19
65	44		41				20	
66				39	25		23	21

谜题 132

难

				2	①	5		10
	41						7	9
54		57		47	26			13
51					24	28		
			59	36	37		30	21
						34	31	20
63	61		76	75		33		18

谜题 133

76	73	7							
	74		6			23		17	
	70		60	59	63	25	21	20	19
		①	56	68			39		32
	54			46	44	43	40	35	33
			50		47		41		36

谜题 134

难

69		73			㊆⑥			
	55	72					15	①
	56		22		27		16	11
		52	25		30		3	
58		50		29		34		9
59		48	43			39	36	5
		46	42	41	38			7

谜题 135

		53	52	48					
60					34	43	42		
	59	26		30	32		37		
	58		28		31	36		5	
	57		22	19			8		3
69	72	23		75			13		①
70			74	㊆⑥		15			10

谜题 136

难

谜题 137

							60		(76)
	40	35	32			57			
	42	49	34		29			74	
43		48		24	25	(1)	2		
44	46		22					69	
	19	20		13		5	6	70	
17					11				66

谜题 138

		69			27		4	(1)
					29	31	3	2
	54		23		25	34	32	
	53			75	(76)		36	
	52			21	17			
57		51	50	19		16	45	38
58						43	42	41

难

谜题 139

30		33		15		4			
	28	34		19		10		①	
27			22			7		2	
	26	25	24		21		46		57
	38	71	70	67			47	48	
	72			42	43		60		
	㉆		41			61			

谜题 139

谜题 140

	24	㉆	74		47		49		53
	22	25						51	
		10	27						
18			28		71		69		56
	17			32			68		57	64
13			33	4	3			59	
15						38	①		60

谜题 140

难

26		22		(1)		74		
		20		76		73	68	
		24	17	(77)		8	65	67
33		30	18				58	57
	36		14		10	62	63	51
35			12					52
	39	38						53

谜题 141

		40	39				20	(77)
44			38	26		23	22	76
46			32	30	29	28		75
	48			67		2	72	74
49	51			66		(1)		5
			54		9			
58	59	55		62	63	10	11	

谜题 142

难

75

				(72)	41		
		10	67		40	44	
		(1)	68				
	16		69		63	50	
13		20	19	34		51	49
				59	60		
	24	28	27	30	31		

谜题 143

10				40		43			
13		36	35		44			51	48
	12	33		30	27				49
				26			57		
4									55
3	(72)	70	69	22	67	65		60	62
	(1)								

谜题 144

难

		5	4		⑦⑥			63
①	2		73	75			67	61
10		27		24	70	44		60
	29			■	42		46	
	12		22	38		41		57
	16	18	21		39		51	48
		19					52	

谜题 145

23	24			37					
21		25	32	31		39		51	
		27	29			40		⑦⑤	
		6		■		■		53	
16	18			4			73	65	56
15			9		①		66		58
	12	11	2						59

谜题 146

难

谜题 147

45		47			61		63	
	■		48	51	53		57	64	65
42		■			54			
41			18		14		(1)	
	40			16	29			3	
		22	23			27	9		5
	35	33		31				8	(75)

谜题 148

		62		51				
					59	54		
	43	64				57	12	21
	42	66						7
	41		34	(75)	23		■	
		70	69			25	29		■
	37					27		3	(1)

难

78

	33						4		①
		29	21			17		■	
	28		25	23		18	■		
38		26			15	69			63
		47			55				64
40	44	46		51		71		58	
		49			㊄㊄ 75			60	

谜题 149

	52		46		41	40	29	
	50		47	44		39	27	25
	57	49			75		19	22
62				74	①		20	
		■			35			
	■	60		4	3	34	7	9
							10	12

谜题 150

难

谜题 151

	68								2	
	69	66	63				27		①	
72		57	61		25					6
			60		24		22		18	
	55		59		38		21			
				45	44		20	14	11	
(77)		51	50		46			13		

谜题 151

谜题 152

	①	3					16		27	
66		2			11	14		18		
65				5		13		25		
64							40		23	
		60		51				21		
55	59		52		(77)	42		37	35	
	57			48			45	44		

谜题 152

难

10			16						
			15	18		23	22	43	
	7	12	㊆			24		37	41
55							40		
	53			73	72				
①	60	57		65	67		34		
	61					70		31	

谜题 153

㊆	40			67	65	63		53	
	41			68		60		52	
	73		43			46	48	51	
		72		18			49		
	26			19				6	8
		27		21	16		11	①	7
	30	28	23		14				

谜题 154

难

谜题 155

			57					①
61		58		44		2	3	
64	67		38		45			4
69			41		46	48		
72			40				10	11
	33	30		23	24	19		
⑦⑥	75		31	28			17	15

谜题 156

	53		59					
54		58		48	47	62		72
	56		43	45			74	
		26			⑦⑥	11	10	①
				31			14	2
24	22			33		15		6
		35	20					5

难

82

56	55				35	①	18	19		
		54	67			17		27		
	53		66	38	39		28		24	
	45		41		15					
		44	42		13		6			
				73		76	11	7	8	

谜题 157

						76			
	37		33	31		46	47		58
38	36	34		30			56	57		71
	17	19	21	29			54		70
	16				26	52		62
	12	10	8		24	3	①	66	68
				5					64

谜题 158

难

49	48				57			
	46		54	58		13	32	
	45	51			9			
					36	16		26
			39		7		20	25
			67		4		19	
76	74		68		70	5	1	22

谜题 159

			47	48	3		1	14
				50		10	11	
		52					7	12
				37	21		29	
	74	62	43			20		
76				69	34		23	
		67	71		33	32		

谜题 160

难

谜题 161

				39					⑰77	
		37	38		40	①1	44		48	
	19				5	2				
	16	20	35	34	4		68			73
15			32		65		59		70	51
26	25	24	23							53
				63						

谜题 162

			73		30		25			
68				31		26		17		
	75			32	①1	2		15	14	19
65								13		
	⑰77	34	35			4		44	10	
	61	57			6	7				
		59	56	55	53		51			

难

	66			72				⑧⑥	
	67							80	84
		60				78			83
					76			4	
			55		①				
		56		52		6			
						11			
						12	10		
			36				16	17	
	42	39	33	31	29	26			
		40				25		23	22

谜题 163

非常难

						91		
	21	18						90
		75			28	㉝	89	
			25		27			32
14	71						31	34
		70		78				36
	69	67			60		40	
	①				61		38	
					62	43		
		3	57		48			
						46		
			5		52	50		

谜题 164

非常难

96	95				74		
			71	73			79
	88		86	67		81	
90		87	1		83		
	55				64		
		3				61	
		8		5	26		
	10			22	27		
			20		36		
	17		19	38			
	16		44	30			
14			43	41			

谜题 165

非常难

88

	22		10						
		21		11	7				
26		30		13	12		3	4	
27		36							
32		38					①	63	
42	40				54	53		60	
	41		87	89	51		57		65
						95		58	
	82								98
84	79	75	74		70				
				72					

谜题 166

非常难

89

	72	68						
73			①	60	59		55	54
	74		3				52	
㊾99		78		62		45		51
				6	43	41		48
			7			39		
			92			37		35
	82		95				33	
88			94			32		
	84		24			21	18	
86				29	22		19	

谜题 167

非常难

					85			
					81	86		
	77		79	①				
			67	3		7		
		66	65	4	6		93	
				57		12	9	
	45		59					
			42		14	96		
	48		50					
	39	49	53			20		22
			32		29		21	
	36	34				27	26	

谜题 168

非常难

		90					26	25
88	86						23	
	84							21
	93			⑨⑨				
			①				31	19
		96	35	34				15
80		46						
79		38		49	51	13		
			48			53		
	77		40	64		54		
75	72				66	61	56	57
74		70	68					

谜题 169

非常难

92

		75		65			80	
71				64	83		⑨⑨	
70	68		59			85		
55	57		60					
54		███	███				96	
		███	███	███		93		
52		45		███	███	①	92	
48		44						
47			30		34	7		
		26	28		31	33		
	25			15	9	10	11	
	23	21	19	16				

谜题 170

非常难

27				33	34	47			
	29	31			48	50			
	22	24			44				
			■		■			54	
17				■					
	16		■	96	■	3		60	69
15	⑨⑨				①				
	13		7		94	66		63	62
	12		8		90		85		
			92		86	84	83		
		88				77			
			81	80	78				

谜题 171

非常难

嘿大头
Hidato® fun

								74
				85	84			75
						71		
	97							
	56		66	92	68	88		
⑨⑨			53					
			44					
			43	40				
	37			30				
①	35	33					20	
	5		9	10	14	19	21	
	4	7					22	

谜题 172

非常难

95

			40				35	34
44		48	50		37			28
45	47		55					
	58		56		53	30	25	
		61						23
①	3	6		10		12		
4				72				
78	79			14		20		
				15				
㉟99	81	82	85	17				
				84				
	97			93				
		95	94					

谜题 173

非常难

96

15		①1						
13						44		
17		10	8	6	39			
19				37		41		
	25	34	33	29	52			
	24			32				
	98			80	57			
						82		
	76	96	59		85			
	103	74		61	64		86	
	71	70	63					
⑩105								

谜题 174

非常难

					86	91	92	93
	76		①	84		90		
	78	2	3	(108)			96	95
				107		105		97
68		66	64		8	104		
	72			62			103	
70			61			11		14
		59				55	13	
			50	49	52			
		39					21	
			30			20	26	23
36	33	34						24

谜题 175

非常难

				40	38				26
60	46		42				28		
	59	48					33		
		57				20	23		31
	95		52	55	19				8
							11	9	
	101	97	93		15	14	12	5	
	102							3	
			70		72	78	77		①1
	105		69				79	82	
				⑩110		74	80		

谜题 176

非常难

		15					101			
12	13	16	24			21			97	
	10	■		23				■		
7		27	■			114	■	105	104	
			⑰117				111	46		93
①1				37		112	44			
2	4		31		38	40				90
		■	32			41		■		
	58		■	■	■	■	■		79	
	63	65								
	64									
	67		70	72	74	76	82		85	

谜题 177

非常难

(1)	6	8	10	12	16		
	5				15		
3							
	40	31		115		25	
		41			116		22
	42			112		23	108
45		37		84	118		
	44		86		83		106
47		91		(120)	104		
	49			81			
	50	89	79				
54			78		101		
			76	67	74		
	61						
	62	64					

谜题 178

非常难

101

								65	
28		24	20		3		67		64
	27			(1)		69		63	
	30		16	17	9		58		
							54	55	
		13	11						52
	(132)		74	73	43		50		
	81	35				44		48	
		130		38	117	40		46	
	84	128		118				113	
	85		124	120				110	112
	126				121				109
		90	95			104	105		
		94			106				

谜题 179

非常难

102

	121	117							104	
			116	115		88			105	
	126	83	82			92	90		101	100
125		81		86		94			42	
							96			
	29				35			97		46
	31			34	75	71		69	45	
131					73					49
(132)						66	62		51	
20	25	18		(1)		65		60		53
21	19			6	7	10	64		57	
			13							55

谜题 180

非常难

103

(1)						89	(108)			
	5				106		87	83	81	
	4		105						80	
10					100			79		
	11			99						77
19		17						72		
	22		14					71	69	
	23				50			64	63	
25										
				38	40				61	
30	32			37				54		
	29	33	35					55	57	

谜题 181

非常难

(132)		130			71	73		75	78	79	82
		102				76					83
128				62	61						85
		68	■	■		■	■			91	
			■			56	■			90	
106					52	57					88
120	108			47	50			23	21	(1)	
			■	■		45		■	■		3
118		110	■	■				■	■	6	4
	112				28						
	113		42		34		27		15		
	115		41		33				14	12	

谜题 182

非常难

55		57	58				68		72			
	52				60		66	70		83		
53		2	(1)	47	62					82		
				46	7			132		81		
		34			(136)				86			78
					9			88				
				32	31	30	129		90			
42			13			127		111		95		
	18	15		27	124			110		105		
		19								106		
21			122	121					107	99		

谜题 183

非常难

117								17		
124	118	126	129			(132)		15		18
						31		19	8	
		■		26		30	■		7	
		■			29		■			
	104			100		37		(1)	3	
105	103			97			35	44		
92	93	94							46		48
86			■	40		■		60	50	
	88		75	■			63	59		51
	82	80		74	70	69	67		58	
	79			72				56	

谜题 184

非常难

			112				116		119		
		15		111					124		
26			29		10	109		106			121
25		30					7	127	105		
		31				6	(132)		130	103	102
23		19		34		(1)				100	
22	20		43				91			98	
				44		92		96	88		
			54	45			65	95		82	85
		55		46			66		81		84
			50		68	70	72		78		
				48				74			

谜题 185

非常难

■		82			107		(136)	135	117		■
85	■		80						134	■	
		76	77	105			48				121
	89					50		132		45	
			73						130	44	
	71		102			39			129		
	66	92		100	99		37				
67			62			97		35			126
		64						55			
		5	12	60			20			23	
9	■				58			31	29	■	
■	(1)					17					■

谜题 186

非常难

		70					105	125			
	68	98	73				106	109		126	128
	64				101						130
							121				
	58	57	77	76				113		133	
		56		80			117				
		54				116	(136)				
				88			83		11		
49	48		45		86			(1)		9	
36		46		44			23	22	13		
	39			31		29	27			18	
			33				26			19	

谜题 187

非常难

				96		93	89	88	86	85	
	25			97	98						83
	28	27		17		100	102				
	32		34						105		81
		36			11	76					(140)
	40				10				107	108	109
43	41		13	68				73			112
45		65	66			70					111
46		48			6		71			115	
	51		58	62		128	2		120		117
			61			126		(1)	121		
		55	56		130						

谜题 188

非常难

								83			
						61	82			88	
72		68	66	64	62	60					87
71	31		■	■	57		■	■		90	95
	30	33	■	■		55	■	■			96
28			10		8					93	
	26					6		51			
					37		49	3	101		
				39							(1)
22		14	40							107	
	20	17			46					108	
		18				44			(112)		

谜题 189

非常难

112

							95	94			
⑪112			108			96			93		
16	17	13		106					88	87	
19									79		85
									80		84
		5					74	76		81	
			7					73			
		2	3							62	
	①1							70		63	
34		31		43					60		65
36	33			42		47		55	53		
							48		56		

谜题 190

非常难

113

			20	25							■
	14		23		40	45		49	■		
			22		39			■	53		
①1	3	12				42	■				56
			6		35	■					55
			73	36	■			⑬132	130		
	75			■					61	122	
			79	■			67		121		
		81	■		101	100	66		120		
84		■		98		102		112			
85	■				94			111	115		
■			91				108				116

谜题 191

非常难

87		89		94						
		92		102	101	107	106		110	
	81	85		96			40	111		(132)
		■	98	99		■		131		
		■		44	42	■				
	76		46		35			129	122	
	48		66		34		127			121
50	51	52			68				18	
			■	69	70	■	32			20
56	57			■	■		15		22	
3				8	11	13				
	(1)		59	60	9			27	26	

谜题 192

非常难

132						113	91			108
	130		84							
	129	83		85			89	106		
			126	118	117	87			105	103
(136)			125						98	
	72				121	21	19		99	
		45		47		18		14		
	68	66	43			24	15	12		
69		65	50			27				10
	64		41	37		29		7		
62		58	55		36	34	33	(1)		
	57		53			32				5

谜题 193

非常难

116

			120								111
		128		123			96			109	
	127			118				98	108		
			50			54				100	
		36		49	56			90	88		103
	34	37			■			91	86		102
	30	(140)		47	■						
		28	39			60			80		
26			40	42			65				
				11			66	68	78		
	24	18	14	12			2			75	72
23	21			8	7	6		(1)			73

谜题 194

非常难

				121							
			125			119			111		
(134)					128		118	110			
				129		61					
	4	2	(1)			62			87		103
7						83	81				102
			58	29			80		66		101
	35			28	26		77		67		100
34		42			25	23			68		99
			47			22		74		94	
40	44		48				18		70		97
				52		20			71		

谜题 195

非常难

			13		19	21				35	
(1)		5	12	15					32	34	
	7				16	23			28		39
	9	■	■		59	24	26	■	■	41	
	118	■	■	57			53	■	■	44	
	121			61			54				
		122		126	128	55		(132)	46		
	123				127						
114		124	100	■			■	71	73	79	
	113	102		■	■			88	87	80	
		106				92		89		84	
	108	104			96		91				82

谜题 196

非常难

	①			17	20				
			15		19	22	42		
				36		24	39	41	
	6			34				48	
	7				28				
	8	9	32			29	57		
91									
	94	96		102					55
	89		97	103	62				
	85	82			⑬⑥			125	
					65	135	121	122	
80		76							
		69	67						
74		70			131	130			
							114	117	

谜题 197

非常难

120

								12	
		49			9	10	13		
	53	50		45	44		22		
	①1		42			24		19	
							20		
		62			39				
	113	114	61	60		37			
					66		35		
		116				70	34	32	
110					69			73	74
							79		
122	123	119		95	82	83			
	125		99		94		84		
127				134			86	87	
					133		90		

谜题 198

非常难

				62				58	
			64	10		7			56
	13	15			70	8	5	3	
								2	
	34	35	72		76		1	51	
	32					78	79		
	29		129						
28			130			48			
	27		132			41		46	83
				125			45		88
			123	106				87	
	135		114	108		102	103	92	
136	121	113		110	100		97		91
			140						

谜题 199

非常难

					10						
				9		113		110	108		104
26		28	15				4		134		132
53		19		7	118		116	135		133	
	54	30		17					99		
	56							①			
57					140	138				124	
		59	60					90			127
			61			142		85			126
				⑭⑷		68	86				
		42			69		74				93
	44	64				73	75	77	79		

谜题 200

非常难

123

143		140	138	137					
	141			132	129		4	8	
145	147			126		①	3	9	
	77						67	12	
				73			66		
⑮⓪				123	71	70	16	15	
80						19		17	
81	83		119	118				23	
99		86	85				24	22	
								46	
88			113			42	44		47
	96	103		29		39	49		
	95			30		38		52	
	94		107			37		53	
92				109				54	

谜题 201

非常难

145	146				129				
143			148					117	
142			(150)			123	116		
		136	17		26				113
139				18					108
14	13	29			21		110		
				20	22			104	
	32		7	94		97	86		
	5				96				
			92						
	2		39	91	90		71	73	
	(1)		40			69			81
			64		67			75	
	57	55	65			49		76	
	56								78

谜题 202

极限挑战

126			122						
	124			120		111		86	
142							113		
	141			130			88		
		147				94			90
139		134			(150)	93			
138								78	
				17			104		76
10		13				20			
	8	44			38	102			74
7		45		40			28	73	
		53		48			27		
	3		50					69	
	(1)			34	31			68	
							65		

谜题 203

极限挑战

126

答　案

12	11	10	7	8
13	16	17	9	6
15	14	18	2	5
20	19	①	3	4
21	22	23	24	㉕

1

14	13	9	㊱	35	33
15	12	10	8	32	34
16	11	4	6	7	31
18	17	3	5	29	30
19	2	22	23	26	28
①	20	21	25	24	27

2

22	19	20	10	9	8
23	21	18	12	11	7
24	17	13	14	4	6
25	16	15	3	㉚	5
26	27	28	29	2	①

3

7	6	2	①	30	29	27
8	3	5	33	31	26	28
9	4	㉞	■	32	23	25
10	12	13	16	22	19	24
11	14	15	17	18	21	20

4

	29	28	26	25	23	
30	㉛	①	27	24	20	22
4	3	2	10	19	15	21
5	6	9	11	14	18	16
	7	8	13	12	17	

5

11	9	8	㉔	
10	12	23	7	
13	14	22	21	6
15	16	18	5	20
		17	19	4	①
			3	2

6

30	31	32	33	16	15	13
29	27	18	17	34	14	12
28	26	19	①	3	㉟	11
25	20	22	4	2	7	10
24	23	21	5	6	8	9

7

23	22	21	27	28	32	31
24	25	26	20	29	30	33
11	12	13	14	19	18	34
9	10	3	15	①	17	35
8	6	4	2	16	38	36
7		5		㊵		37

8

127

9

	13	3	2	22	23	24	
14	12	4	21	①	30	28	25
15	11	20	5	31	29	26	27
16	19	10	9	6	32	35	34
	17	18	8	7	㊱	33	

10

10		12		16		28
9	11	13	15	17	27	29
8	7	35	14	18	30	26
6	36	4	34	31	19	25
37	5	3	32	33	20	24
㊴	38	2	①	21	22	23

11

①	3	4		29	30	32	
2	5	15	16	27	28	33	31
7	6	14	26	17	18	19	34
8	10	25	13	23	21	20	35
9	11	12	24	22	㊳	37	36

12

	7	㊳	9	10	12	
6	①	8	37	36	11	13
5	2	3	35	34	15	14
30	4	32	33	21	17	16
29	31	27	24	22	20	18
	28	26	25	23	19	

13

24	21	22	2	3	4	5
25	23	20	17	①	6	8
27	26	16	19	18	7	9
28	30	32	15	14	12	10
29	31	33	34	㉟	13	11

14

25	24	29	30	31	32	33
26	28	23	37	36	35	34
27	22	38	2	①	4	6
19	20	21	39	3	7	5
18	41	40	15	13	11	8
㊷	17	16	14	12	10	9

15

32	34	35	36	7	9	10	11
33	31	37	6	8	4	13	12
29	30	22	38	5	3	14	①
28	25	23	21	39	18	2	15
26	27	24	20	19	㊵	17	16

16

9	10	12	21	20	19	18
7	8	11	13	22	17	16
6	25	26	23	14	15	33
5	3	24	27	28	34	32
2	4	38	37	35	29	31
①		㊴		36		30

17

(40)	39	38	35	33	32	31	29
4	5	36	37	34	18	28	30
3	7	6	12	16	17	19	27
8	2	11	15	13	25	26	20
9	10	(1)	14	24	23	22	21

18

	38	42	43	(44)	26	29	
39	41	37	24	25	27	28	30
40	21	23	36	34	33	32	31
18	20	22	35	3	4	5	7
17	19	14	11	10	2	8	6
16	15	13	12	9	(1)		

19

18	16	20	21	(1)	(36)	5	4
17	19	15	22	35	2	3	6
25	26	23	14	34	10	9	7
	24	27	13	33	11	8	
		28	29	12	32		
		30	31				

20

12	11			39	(40)		
13	9	10	6	38	37	(1)	2
14	15	8	7	5	36	3	34
16	19	20	22	23	4	35	33
17	18	21	24	27	28	32	30
		25	26			29	31

21

28	29	30	33	32	40	42	43
27	25	24	31	34	41	39	44
26	23	(1)	35	36	37	38	45
22	20	2	3	4	5	6	46
21	16	19	14	11	10	7	47
17	18	15	12	13	8	9	(48)

22

25	27	28	43	42	47	48	4	3
24	26	29	41	44	46	49	5	2
23	31	30	40	45	7	6	(50)	(1)
32	22	39	20	19	8	17	16	15
33	36	21	38		18	9	11	14
34	35	37				10	13	12

23

(50)		41		39		35		32
49	47	42	40	38	36	34	33	31
48	3	46	43	37	20	22	23	30
2	4	45	44	15	21	19	24	29
(1)	5	8	9	14	16	18	25	28
6	7	10	11	12	13	17	27	26

24

13	47	48	49	(50)	23	27	28	29
12	14	46	45	21	22	24	26	30
10	11	15	17	44	20	25	31	32
9	7	16	18	19	43	36	37	33
8	5	6	(1)		42	35	34	38
4	3	2				41	40	39

36	38	39				8	10	11
37	35	34	40	41	6	7	9	12
30	31	32	33	42	16	5	14	13
27	29	㊺	43	18	17	15	4	2
28	26	25	44	19	22	21	3	①
			24	23	20			

25

34	35	36	①	2	4	5	19	20
33	38	37	25	3	6	22	21	18
39	32	27	26	24	23	7	15	17
40	31	29	28	㊿	48	14	8	16
41	30	44	45	49	47	13	9	10
42	43			46			12	11

26

11		14		37		35		33
10	12	13	15	38	36	29	34	32
9	7	2	①	16	39	28	30	31
8	6	3	17	40	41	27	26	25
48	47	5	4	18	19	42	21	24
㊿	49	46	45	44	43	20	22	23

27

47	46	45	29	30	17	18	2	3
49	48	44	31	28	19	16	①	4
㊿	42	43	32	20	27	14	15	5
41	35	34	33	26	21	13	11	6
40	38	36	25	24	22	12	7	10
39	37			23			8	9

28

33	34	35				6	5	4
32	37	36	12	10	8	7	2	3
38	31	13	11	㊺	9	①	19	20
39	30	42	14	44	17	18	24	21
40	41	29	43	15	16	25	23	22
			28	27	26			

29

21	22	24	25	34	33	36	41	42
20	19	23	26	32	35	40	37	43
17	18	30	31	27	53	39	38	44
16	14	29	28	(54)	①	52	47	45
15	13	10	8	6	2	51	46	48
12	11	9	7	5	4	3	50	49

30

45		48		㊿		14		16
44	46	47	49	24	13	22	15	17
43	42	29	27	25	23	12	21	18
41	40	28	30	26	2	11	20	19
39	36	35	31	①	3	10	9	8
38	37	34	33	32	4	5	6	7

31

43	42	41	39	38	50	51	52	53
44	45	46	40	49	37	21	22	(54)
10	9	47	48	6	20	36	24	23
12	11	8	7	19	5	35	25	30
13	16	17	18	4	34	26	31	29
15	14	①	2	3	33	32	27	28

32

①	3	57	55	54	40	41	50	43	44
4	2	58	56	39	53	51	42	49	45
6	5	59	16	38	37	52	35	46	48
7	9	15	⑥⓪	17	21	36	26	34	47
8	10	14	18	20	22	25	27	32	33
11	12	13	19	23	24	28	29	30	31

33

23	24	9	8	4	3	①
20	22	25	10	7	5	2
19	21	26	11	6	44	43
18	28	27	■	12	45	42
29	17	16	15	13	41	46
32	30	35	14	37	47	40
31	33	34	36	㊽	38	39

34

25	24	22	21	16	17	18	50	51	52
26	23	14	15	20	19	①	49	55	53
28	27	12	13	4	2	48	56	46	54
29	11	10	5	6	3	39	47	57	45
30	33	9	8	7	38	40	41	58	44
31	32	34	35	36	37	⑥⓪	59	42	43

35

22	23	25	26	27	28	29
21	19	24	36	35	30	31
18	20	37	■	①	34	32
17	38	■	■	■	2	33
39	16	■	■	■	8	3
40	14	15	12	9	7	4
41	㊷	13	10	11	6	5

36

24	25	26	27	10	29	30	31	32	33
23	22	21	11	28	9	8	36	35	34
19	20	12	2	5	6	7	37	38	39
18	13	①	3	4	48	47	42	41	40
17	14	51	53	49	46	56	44	43	⑥⓪
16	15	52	50	54	55	45	57	58	59

37

27	24	25	19	44	45	46
28	26	23	20	18	43	47
29	22	21	16	17	48	42
13	30	15	33	㊾	40	41
12	14	31	32	34	①	39
10	11	7	3	2	35	38
9	8	6	5	4	37	36

38

53	52	51	47	46	42	41	40	35	36
55	54	50	48	45	13	43	39	34	37
56	57	17	49	14	44	12	33	38	6
58	18	20	16	15	11	31	32	7	5
59	21	19	24	27	30	10	8	①	4
⑥⓪	22	23	25	26	28	29	9	2	3

39

	24	23	16	14	13	
26	25	17	22	15	12	11
28	27	21	18	37	9	10
29	20	19	36	38	7	8
30	34	35	43	41	39	6
31	33	44	42	2	40	5
	32	㊺	①	3	4	

40

41

33	34	35	37	(1)	39	40	41	43	(60)
32	31	36	2	38	7	8	44	42	59
27	29	30	4	3	6	10	9	45	58
26	28	22	20	5	12	11	48	46	57
25	23	19	21	13	50	49	53	47	56
24	18	17	16	15	14	51	52	54	55

42

35	36	27	26	(39)		
34	29	28	37	38	25	24
33	31	30	(1)	19	21	23
32		2	18	20		22
	17	3	4			
13	16	5	10	7		
14	15	12	11	6	9	8

43

18	17	16	13	14	9	8	6	4	3
19	20	21	15	12	10	7	5	(1)	2
		22	23	11	26	27	28		
		45	51	24	25	29	31		
48	46	50	44	(52)	40	30	36	32	33
47	49	43	42	41	39	38	37	35	34

44

		10	17	18		
	7	9	11	16	19	
6	4	8	12	14	15	20
5	3	(40)	13	22	21	25
38	39	2	(1)	23	24	26
37	35	33	32	31	29	27
36		34		30		28

45

16	18	21	22	23	24	42	41	39	38
15	17	19	20	25	45	43	40	48	37
14	12	10	26	27	44	46	47	36	49
13	11	9	(1)	28	29	31	32	35	50
7	8	4	2			30	34	33	51
6	5	3				(54)	53	52	

46

30	31	32	41	40	39	38
28	29	42	33	34	36	37
27	43	■		35	17	15
(44)	26	■		18	16	14
25	21	20	19	■	13	12
24	22	2	(1)	6	7	11
23	3	4	5	8	9	10

47

25	24	29	30	33	34	35	36	37	39
26	23	28	32	31	45	44	6	40	38
22	27	11	10	9	46	7	43	5	41
20	21	12	48	47	8	52	4	42	2
19	16	13	14	49	50	51	53	3	(1)
18	17	15					54	55	(56)

48

	(1)	2	6	7	8	9
36	■	5	3	14	15	10
37	35	■	4	16	13	11
38	33	34	■	18	17	12
32	39	40	19	■	25	24
31	41	28	20	26	■	23
(42)	30	29	27	21	22	

49

	2	4	5	8	9	16	17	18	
(1)	3	6	7	10	14	15	21	20	19
50	49	45	44	11	13	22	23	24	25
51	46	48	42	43	12	31	30	29	26
52	53	47	41	39	37	32	35	28	27
	54	55	(56)	40	38	36	33	34	

50

45	44	43	42	41	40	38
46	47	48	32	33	39	37
(1)	2	11	(49)	31	34	36
3	12	10	8	7	30	35
13	4	9	6	22	24	29
15	14	5	21	23	25	28
16	17	18	19	20	26	27

51

	46	47	49	50	3	5	6	7	
45	43	41	48	51	2	4	18	17	8
44	40	42	53	52	57	(1)	19	16	9
39	38	54	55	56	(58)	20	21	15	10
37	35	33	30	28	27	25	22	14	11
36	34	32	31	29	26	24	23	13	12

52

9	8	15	16	17		
10	7	14	5	23	19	18
11	13	6	4	24	22	20
12		3	(1)	25		21
		36	2	26		
37	33	35	27	30		
38	(39)	34	32	31	28	29

53

7	8	9	13	14	47	48	54	53	52
4	6	12	10	15	17	46	49	55	51
5	3	21	11	18	16	45	33	50	56
2	22	20	19	43	44	32	34	57	58
23	(1)	26	27	42	31	35	39	38	59
24	25	28	29	30	41	40	36	37	(60)

54

	15	14	11			
17	16	10	13	12		
18	21	9	8	7	2	3
22	19	20	31	6	(1)	4
24	23	30	34	32	5	(40)
25	27	29	33	35	37	39
26	28			36	38	

55

25	27	29	30	38	39	59	58	55	56
24	26	28	37	31	(60)	40	41	57	54
23	21	10	36	35	32	33	42	52	53
22	20	11	9	8	34	43	51	50	49
19	17	12	13	7	4	2	44	45	48
18	16	15	14	6	5	3	(1)	46	47

56

7	6	4	3	(1)	35	37
8	9	5	2	34	36	38
11	10	██	██	33	40	39
12	13	██	██	41	32	31
15	14	20	21	██	42	30
16	19	23	22	26	43	29
17	18	24	25	(44)	27	28

57

43	42	41	40	16	15	18	19	20	21
44	45	39	34	37	17	14	13	23	22
47	46	33	38	35	36	12	24	10	9
48	49	31	32	28	27	25	11	8	7
53	54	50	30	29	26	(60)	(1)	4	6
52	51	55	56	57	58	59	3	2	5

58

	29	30	31	33	34	36
28	■	(42)	32	38	37	35
15	27	■	41	(1)	39	3
14	16	26	■	40	2	4
17	13	12	25	■	7	5
19	18	24	11	8	■	6
20	21	22	23	10	9	

59

47	46	45	34	33	9	8	6	5	3
48	44	35	36	32	10	11	7	4	2
43	49	37	(60)	31	28	12	13	14	(1)
42	50	38	59	27	30	29	15	22	21
41	39	51	58	55	26	16	17	23	20
40	52	53	54	57	56	25	24	18	19

60

10	11	12	13	19	20	21
9	8	14	16	18	23	22
7	5	15	17	31	24	25
6	4	2	30	29	32	26
42	3	44	(1)	33	28	27
41	43	38	45	35	34	48
40	39	37	36	46	47	(49)

61

58	59	(60)	32	31	30	27	26	23	22
57	55	34	33	29	28	25	24	20	21
54	56	35	39	37	12	13	19	18	17
53	52	40	36	38	11	14	15	16	(1)
51	41	48	47	44	10	7	8	4	2
50	49	42	43	46	45	9	6	5	3

62

		28	27	26	7	6	
	29	30	25	24	8	4	5
31	33	34	9	23	2	3	
32		10	35	22		(1)	
		11	21	36			
	12	16	17	20	37		
13	14	15	18	19	(39)	38	

63

(58)	42	(1)	2	3	4	5	6		
57	43	44	41	10	9	8	7	25	24
56	45	40	11	12	14	15	17	26	23
55	46	48	39	38	13	16	18	27	22
54	47	49	36	37	34	19	31	21	28
53	52	51	50	35	33	32	20	30	29

64

18	19	20	21	25	59	58	57	56	55
17	15	(1)	22	24	26	60	52	51	54
16	14	2	23	28	27	61	63	53	50
	13	3	29	31	32	62	64	49	
12	10	4	30	40	41	33	65	66	48
11	9	5	39	37	34	42	44	67	47
8	7	6	38	36	35	43	45	46	(68)

27	26	24	23	51	53	57	58	59	(60)
36	28	25	50	22	52	54	56	(1)	4
35	37	29	49	48	21	55	2	3	5
38	34	31	30	47	20	9	8	7	6
39	33	32	43	46	19	18	10	11	12
40	41	42	45	44	17	16	15	14	13

65

29	28	26	25	21	20	61	62	63	(64)
30	31	27	24	22	60	19	2	3	4
43	32	45	23	59	58	16	18	(1)	5
42	44	33	46	57	15	17	12	11	6
41	40	35	34	47	56	14	13	7	10
	39	36	37	51	48	55	8	9	
	38	50	49	52	53	54			

66

23	21	20	19	8	7	(60)	59	54	55
22	24	18	12	9	10	6	53	58	56
25	27	17	13	11	4	5	42	52	57
26	28	16	14	(1)	39	3	41	43	51
29	31	15	35	38	2	40	44	47	50
30	32	33	34	36	37	45	46	48	49

67

16	17	18	63	62	61	60	30	29	28
15	13	12	19	(64)	59	24	23	31	27
14	11	■	■	20	58	22	25	26	32
8	10	■	53	55	21	57	■	34	33
7	9	52	51	54	56	■		35	36
6	(1)	3	50	48	44	45	41	37	38
5	4	2	49	47	46	43	42	40	39

68

	55	54	53	52	51	49	48	8	
(56)	28	39	40	45	50	47	10	9	7
29	27	38	44	41	46	11	12	6	5
30	37	26	25	43	42	18	14	13	4
36	31	32	24	22	19	15	17	3	(1)
	35	34	33	23	21	20	16	2	

69

	38	43	44	45	48	47			
36	37	39	40	42	49	46	7	8	9
35	33	32	41	50	15	14	13	6	10
34	31	28	29	16	51	59	12	11	5
26	27	30	17	52	58	60	(1)	2	4
25	23	21	18	53	54	57	61	3	(64)
24	22	19	20		55	56	62	63	

70

26	25	24	17	16	14	12	(1)	3	4
27	23	22	21	18	15	13	11	2	5
28	33	34	19	20	49	47	10	6	7
29	31	32	35	51	50	48	46	9	8
30	54	53	52	36	37	39	41	45	43
55	56	57	58	59	(60)	38	40	42	44

71

55	54	50	49	48	15	16	13	11	(1)
56	51	53	47	18	17	14	12	10	2
57	52	44	19	46	23	24	25	9	3
60	58	43	45	20	21	22	26	8	4
61	59	42	41	39	34	27	28	7	5
62	64	(66)	40	35	38	33	32	29	6
63	65			36	37			31	30

72

	56	55	54	47	48	49	30	32	33
57	58	(59)	2	53	46	50	31	29	34
10	9	3	(1)	52	51	45	38	28	35
11	13	8	4	5	44	39	27	37	36
12	14	7	6	43	20	41	40	26	25
15	16	17	18	19	42	21	22	23	24

73

50	51	47	46	45	43	42	16	14	13
52	49	48	66	44	41	40	17	15	12
53	64	65	67	38	39	20	19	18	11
63	54	36	37	68	21	(1)	4	3	10
62	55	35	34	33	(69)	22	2	5	9
61	58	56	30	32	27	26	23	6	8
59	60	57	31	29	28	24	25	7	

74

16	15	14	13	10	11	8	5	6	
17	18	19	20	12	9	57	7	4	3
28	30	31	21	(59)	58	56	54	53	2
27	29	22	32	41	40	55	52	46	(1)
26	23	33	35	39	42	43	45	51	47
25	24	34	36	37	38	44	50	49	48

75

50	51	52	41	54	57	58	59	65	66
49	48	42	53	40	55	56	60	67	64
47	43	9	8	6	39	(69)	68	61	63
44	46	10	5	7	38	37	34	35	62
45	12	11	4	2	22	23	36	33	31
13	14	16	3	(1)	21	24	26	30	32
	15	17	18	19	20	25	27	28	29

76

	44	45	46	47	48	53	50	51	23
43	(59)	39	38	37	54	49	52	22	24
42	40	58	57	55	36	17	18	25	21
41	8	4	3	56	16	35	26	19	20
7	5	9	12	2	15	34	32	27	28
6	10	11	13	14	(1)	33	31	30	29

77

30	28	3	4	(1)	6	7	61	60	59
31	29	27	2	5	8	9	62	57	58
32	26	21	19	18	11	10	63	56	55
33	25	22	20	17	13	12	64	54	52
34	24	23	16	15	14	65	66	51	53
36	35	39	43	44	45	46	67	48	50
37	38	40	41	42	(69)	68	47	49	

78

19	20	21	22	23	24	50	49	48	
18	2	(1)	31	32	25	51	57	46	47
17	16	3	33	30	26	58	52	56	45
15	4	5	34	29	(59)	27	53	55	44
14	12	10	6	35	28	37	54	40	43
13	11	9	8	7	36	38	39	41	42

79

47	48	51	52	55	54	66	67	64	63
46	44	49	50	53	56	68	65	61	62
45	43	(1)	4	3	(69)	57	58	59	60
36	41	42	2	5	6	8	10	12	14
35	37	40	29	28	7	9	11	13	15
34	38	39	30	26	27	22	20	18	16
	33	32	31	25	24	23	21	19	17

80

30	29	(59)	27	26	23	24	3	4
32	31	58	28	21	22	25	2	7	5
40	33	57	54	55	20	18	8	(1)	6
39	41	34	56	53	19	51	17	9	10
38	35	42	45	46	52	50	14	16	11
37	36	44	43	47	48	49	15	13	12

81

29	28	39	38	37	64	62	66	68	(69)
30	27	40	41	36	63	65	61	67	59
31	26	34	35	42	43	44	45	60	58
32	33	25	21	20	19	46	47	56	57
2	(1)	24	23	22	13	18	55	48	49
3	6	7	10	12	17	14	53	54	50
4	5	8	9	11	15	16	52	51	

82

29	30	31	16	58	(59)	12	11	10	
27	28	17	32	15	57	13	7	8	9
26	25	33	18	56	14	5	6	48	49
24	20	19	34	55	2	53	4	47	50
21	23	35	39	(1)	54	3	52	51	46
22	36	37	38	40	41	42	43	44	45

83

23	21	20	39	40	44	43	54	53	52
24	22	19	38	41	42	45	55	50	51
25	18	35	36	37	57	56	46	47	49
26	34	17	16	58	14	12	10	9	48
27	29	33	66	15	59	13	11	6	8
28	30	32	67	65	63	60	5	7	(1)
31	(69)	68	64	62	61	4	3	2	

84

13	15	21	23	44	45	46	51	50
12	14	20	16	22	24	43	47	49	52
(1)	11	19	17	37	38	25	42	48	53
2	10	18	36	34	26	39	40	41	54
3	5	9	35	33	31	27	(59)	55	56
4	6	7	8	32	30	29	28	58	57

85

43	44	45	46	48	49	52	51	3	(1)
42	41	39	38	47	53	50	4	5	2
68	(69)	40	37	56	55	54	8	7	6
67	60	59	57	36	24	9	10	12	13
66	61	58	35	34	25	23	11	16	14
62	65	30	29	33	26	21	22	17	15
64	63	31	32	28	27	20	19	18	

86

48	41	40	39	38	37	36	19	17
49	47	42	32	33	35	20	18	13	16
50	43	46	31	34	21	22	14	15	12
52	51	44	45	30	23	(1)	3	11	10
53	57	58	25	24	29	2	4	6	9
54	55	56	(59)	26	27	28	5	7	8

87

27	26	25	23	22	13	11	9	8	7
28	29	33	24	21	14	12	10	6	5
30	32	34	20	(69)	68	15	(1)	2	4
31	35	46	47	19	67	16	61	3	59
43	45	36	48	66	18	17	62	60	58
44	42	40	37	49	65	64	63	54	57
	41	39	38	50	51	52	53	56	55

88

89

18	20	21	22	23	24	26	27	28	32
17	19	7	6	(60)	59	25	29	31	33
16	15	8	2	5	4	58	37	30	34
14	9	(1)	55	3	57	38	36	35	44
13	10	54	51	56	48	39	40	45	43
12	11	53	52	50	49	47	46	41	42

90

(70)	44	42	40	38	37	36	33	32	29
69	45	43	41	39	35	34	31	30	28
46	68	50	51	52	13	14	16	27	26
67	47	48	49	53	12	15	17	18	25
66	57	56	55	54	11	6	(1)	19	24
65	63	58	59	10	7	5	2	20	23
64	62	61	60	8	9	4	3	21	22

91

48	47	52	30	29	27	13	12	11	9
49	51	46	53	31	28	26	14	10	8
50	45	56	54	32	25	24	15	7	6
44	57	55	33	34	23	22	16	3	5
43	42	58	40	37	35	21	17	2	4
(60)	59	41	38	39	36	20	19	18	(1)

92

36	35	29	30	31	25	67	68	69	(70)
48	37	34	28	32	26	24	66	22	21
47	49	38	33	27	62	65	23	20	19
46	50	39	59	60	61	63	64	18	17
45	51	40	58	57	4	6	10	16	15
44	41	52	56	3	5	7	9	11	14
43	42	53	54	55	2	(1)	8	12	13

93

22	25	26	(71)	69	68	38	40	41	43	44
21	23	24	27	70	37	67	39	64	42	45
20	19	■	28	35	36	66	65	■	63	46
17	18	■	■	29	34	33	■	■	62	47
15	16	10	30	31	32	2	(1)	49	48	61
14	11	9	6	5	3	52	55	50	59	60
13	12	8	7	4	53	54	51	56	57	58

94

59	60	61	62	39	38	33	31	29	27	26
57	58	63	40	37	34	32	30	28	24	25
56	54	41	64	36	35	15	16	20	21	23
55	53	65	42	43	14	13	17	19	22	2
52	67	66	48	44	46	12	10	18	3	(1)
68	51	49	■	47	45	11	■	9	7	4
(70)	69	50	■	■	■	■	■	8	6	5

95

65	66	67	69	70	24	23	18	16	15	14
64	63	68	26	25	71	22	19	17	(1)	13
62	61	■	27	(72)	29	21	20	■	2	12
52	60	■	■	28	30	41	■	■	3	4	11
53	51	59	58	31	32	42	40	39	5	10
54	50	57	47	44	43	33	36	38	6	9
55	56	49	48	46	45	34	35	37	7	8

96

25	26	27	29	30	31	33	34	65	67	68
24	23	22	28	59	60	32	64	35	66	69
19	20	21	58	57	61	62	63	36	70	38
18	(1)	3	4	56	55	50	49	71	37	39
16	17	2	5	6	54	53	51	48	(72)	40
15	13	11	■	8	7	52	■	44	47	41
14	12	10	9	■	■	■	45	46	43	42

97

52	50	49	48	44	28	27	25	24	23	20
53	51	47	45	43	29	31	26	22	21	19
54	57	■	46	42	30	32	33	■	9	18
55	56	58	■	41	37	34	■	8	10	17
65	59	60	40	38	(1)	36	35	7	11	16
64	66	61	69	39	71	2	3	6	12	15
63	62	67	68	70	72	(73)	4	5	13	14

98

18	19	21	24	23	54	55	56	51	58	59
17	16	20	22	25	39	53	52	57	50	60
14	15	28	26	36	38	40	42	43	61	49
13	29	30	27	35	37	41	44	45	62	48
12	10	9	31	33	34	65	64	63	46	47
11	2	4	8	32	■	66	67	70	72	73
(1)	3	5	6	7	■	68	69	71	(75)	74

99

	68	70	71	72	(73)	51	48	49	43	
67	69	58	55	54	52	47	50	44	42	41
66	57	56	59	5	53	46	45	30	32	40
65	61	60	4	9	6	28	29	31	33	39
64	62	3	10	8	7	27	26	25	34	38
63	2	11	14	16	17	19	21	24	35	37
(1)	12	13	15	18	20	22	23	36		

100

2	(1)	48	47	46	44	43	74	75	76	(77)
3	5	53	49	51	45	41	42	73	70	71
6	4	54	52	50	62	40	64	66	72	69
7	55	15	57	58	61	63	39	65	67	68
8	14	56	16	17	59	60	38	33	32	31
13	9	10	19	18	23	37	26	27	34	30
12	11	20	21	22	24	25	36	35	28	29

101

	65	64	4	5	6	7	8	14	16	
66	63	62	61	3	(1)	9	11	13	15	17
67	72	71	60	2	56	55	10	12	19	18
73	68	70	59	57	54	39	37	20	21	23
(75)	74	69	58	53	40	36	38	31	22	24
47	46	45	51	52	41	35	32	30	28	25
48	49	50	44	43	42	34	33	29	27	26

102

61	62	56	55	51	39	38	37	36	35	34
60	57	63	54	52	50	40	24	25	33	32
59	58	64	53	49	41	42	23	26	27	31
66	65	71	73	48	45	43	22	20	28	30
67	70	74	72	47	46	44	21	19	18	29
69	68	3	(75)	5	7	10	11	13	16	17
2	(1)	4	6	8	9	12	15	14		

103

	17	16	15	27	28	29	37	41	42	43
18	19	21	14	26	30	31	36	38	40	44
(1)	20	22	23	13	25	32	35	39	46	45
2	10	9	12	24	64	63	33	34	47	49
(76)	3	11	8	66	65	62	57	58	48	50
4	75	7	67	68	69	61	59	56	51	52
5	6	74	73	72	71	70	60	55	54	53

104

66	67	64	63	20	19	18	17	11	9	8
68	65	62	22	21	55	54	16	12	10	7
71	69	23	61	56	53	15	13	3	4	6
72	70	25	24	60	57	52	14	43	2	5
74	73	26	59	58	35	51	44	38	42	(1)
75	27	28	31	34	50	36	37	45	39	41
(76)	29	30	32	33	49	48	47	46	40	

75	(76)	56	55	54	53	4	5	6	7	
74	57	50	49	52	3	(1)	12	11	9	8
58	73	72	51	48	2	13	15	10	21	22
59	70	71	42	43	47	14	16	18	20	23
60	68	69	41	40	44	46	17	19	26	24
61	67	66	39	37	45	34	32	27	28	25
62	63	64	65	38	36	35	33	31	30	29

105

24	25	43	42	41	40	39	36	37	8	7
50	23	26	44	28	29	35	38	5	6	9
51	49	22	27	45	31	30	34	4	10	11
52	53	48	21	46	32	33	15	14	3	12
54	55	57	47	20	19	17	16	2	13	72
59	58	56	62	65	66	18	(1)	70	71	73
	60	61	63	64	67	68	69	(76)	75	74

106

	57	8	9	(1)	2	3	20	21	23	24
58	56	7	6	10	4	12	17	19	22	25
59	60	55	54	5	11	13	16	18	26	27
68	61	53	52	51	14	15	31	30	29	28
69	67	62	50	48	46	44	43	32	41	40
66	70	63	72	49	47	45	33	42	39	38
65	64	71	73	74	75	(76)	34	35	36	37

107

41	44	45	46	47	18	2	(1)	(76)	75	74
40	42	43	48	20	19	17	3	5	6	73
39	37	22	21	49	16	15	4	7	9	72
38	36	24	23	50	51	14	12	10	8	71
34	35	25	26	54	52	13	11	68	67	70
33	32	27	28	53	55	60	59	62	69	66
	31	30	29	56	57	58	61	63	64	65

108

70	71	72	75	(76)	41	42	(1)	2	8	
69	73	74	39	40	43	4	3	6	7	9
67	68	36	38	46	44	29	5	13	12	10
66	57	37	35	45	47	30	28	21	14	11
65	58	56	34	32	31	48	27	22	20	15
59	64	62	55	33	52	49	26	23	19	16
60	61	63	54	53	51	50	25	24	18	17

109

75	(76)	49	48	46	45	4	43	42	36	37
74	50	51	47	2	3	44	5	35	41	38
71	73	52	54	55	(1)	32	34	6	39	40
72	70	53	56	30	31	33	7	9	10	11
69	68	57	58	29	25	24	8	17	16	12
65	66	67	59	26	28	23	21	18	15	13
64	63	62	61	60	27	22	20	19	14	

110

66	67	68	62	61	60	72	74	75	55	(77)
65	17	63	69	70	71	59	73	56	76	54
18	64	16	11	10	9	8	58	57	53	52
21	19	12	15	2	(1)	7	48	47	50	51
22	20	13	14	31	3	4	6	49	46	45
23	24	28	30	32	34	36	5	40	41	44
25	26	27	29	33	35	37	38	39	42	43

111

3	4	5	22	23	24	31	32	33	34	35
2	(1)	6	21	20	19	25	30	29	41	36
9	8	7	16	18	26	27	28	42	40	37
10	13	14	15	17	60	56	55	43	39	38
12	11	66	73	61	59	57	52	54	44	45
69	67	72	65	74	62	58	51	53	48	46
68	70	71	64	63	75	76	(77)	50	49	47

112

113

70		68		35		33		30		20
71	69	67	45	36	34	32	31	29	21	19
⑦2	52	46	66	44	37	38	28	23	22	18
51	53	47	65	43	41	39	27	24	17	15
50	48	54	55	64	42	40	26	25	16	14
49	61	62	63	56	①	5	7	8	13	12
60	59	58	57	2	3	4	6	9	10	11

114

⑦2	70	69	68	54	55	19	18	16	15	14
49	71	67	66	53	56	57	20	17	11	13
48	50	51	52	65	58	24	23	21	10	12
47	45	63	64	61	59	25	22	7	8	9
46	43	44	62	34	60	26	27	6	5	3
42	40	38	36	35	33	32	31	28	4	2
41	39	37						30	29	①

115

25	26	28	29	31	32	50	49	48	44	43
24	22	27	30	33	⑦6	52	51	47	45	42
23	9	21	74	75	34	35	53	38	46	41
10	8	20	19	73	■	36	37	54	39	40
7	11	3	①	18	72	68	67	65	55	56
6	4	12	2	71	17	69	64	66	58	57
5	13	14	15	16	70	63	62	61	60	59

116

34	33	32	55	54	51	50	63	64	68	67
35	29	31	56	53	52	62	49	65	66	69
36	28	30	57	58	61	60	48	73	72	70
37	27	41	42	■	59	■	47	74	2	71
38	40	26	43	44	45	46	9	⑦5	3	①
39	25	22	19	18	14	13	10	8	6	4
24	23	21	20	17	16	15	12	11	7	5

117

5	4	3	74	70	69	68	53	54	58	59
6	■	2	⑦5	73	71	52	67	55	60	57
8	7	■	①	72	49	51	66	65	56	61
9	11	12	19	20	48	50	45	43	64	62
10	13	18	22	21	47	46	44	37	42	63
14	17	23	25	28	29	32	33	36	38	41
15	16	24	26	27	30	31	34	35	39	40

118

46	47	48	51	52	53	54	55	64	62	61
44	45	49	50	12	13	23	56	63	65	60
40	43	42	11	14	24	22	21	57	59	66
39	41	8	9	10	15	25	20	58	68	67
38	7	5	3	①	26	16	19	■	69	70
37	6	4	2	30	31	27	17	18	■	71
36	35	34	33	32	29	28	⑦5	74	73	72

119

51	49	48	47	69	70	8	7	5	3	①
52	50	46	68	71	10	9	6	4	■	2
53	66	67	45	72	73	11	12	■	30	29
65	54	44	43	41	74	14	13	32	31	28
64	55	62	42	40	⑦5	15	34	33	27	26
56	63	61	39	37	16	35	19	21	23	25
57	58	59	60	38	36	17	18	20	22	24

120

74	73	57	34	35	36	53	38	40	41	43
72	⑦5	58	56	33	54	37	52	39	44	42
71	60	59	32	55	16	15	51	13	46	45
69	70	61	31	17	18	50	14	47	12	11
68	62	■	29	30	19	20	49	48	10	9
67	■	63	28	24	25	21	①	3	4	8
66	65	64	27	26	23	22	2	5	6	7

121

36	37	38	39	40	41	73	72	71	70	㊆⑦
35	33	31	29	27	25	42	74	75	76	69
34	32	30	28	26	24	43	44	50	49	68
15	16	17	18	19	21	23	51	45	67	48
14	13	12	10	20	22	53	52	46	47	66
2	3	11	8	9	56	54	60	59	65	64
①	4	5	6	7	55	57	58	61	62	63

122

59	57	56	㊆⑦	4	12	13	10	9	17	18
60	58	76	55	3	5	11	14	8	16	19
61	75	54	73	72	2	6	7	15	20	21
62	53	74	70	71	①	37	38	25	24	22
52	63	68	69	41	40	39	36	26	27	23
64	51	67	48	42	46	44	35	33	31	28
65	66	50	49	47	43	45	34	32	30	29

123

①	4	5	8	9	10	12	13	17	18	19
2	3	6	7	35	36	11	14	16	20	21
49	50	■	38	37	34	33	15	■	22	23
48	51	■	■	39	30	32	■	■	26	24
45	47	52	40	57	31	29	28	27	62	25
46	44	41	53	56	58	69	60	61	63	64
43	42	54	55	㊆①	70	59	68	67	66	65

124

50	52	54	56	57	58	61	60	11	9	8
51	49	53	55	63	62	59	12	10	①	7
48	35	34	33	69	64	65	13	14	2	6
47	36	37	㊆⓪	32	68	66	25	15	3	5
46	44	38	30	31	67	26	24	16	17	4
45	39	43	■	29	28	27	■	23	21	18
40	41	42	■	■	■	■	■	22	20	19

125

52	51	67	68	69	㊆②	21	20	23	24	27
53	66	50	70	71	18	19	22	25	26	28
65	54	■	49	48	17	46	45	■	29	30
55	64	■	■	16	47	6	■	44	33	31
57	56	63	15	10	8	7	5	34	43	32
58	62	14	12	11	9	4	41	42	35	36
59	60	61	13	①	2	3	40	39	38	37

126

12	13	14	17	18	67	69	70	71	㊆②	29
10	11	15	16	19	68	66	25	27	28	30
9	5	4	20	21	65	64	24	26	32	31
6	8	3	2	①	22	23	63	62	61	33
7	49	47	46	45	57	58	59	60	34	35
51	50	48	■	56	44	43	■	41	37	36
52	53	54	55	■	■	■	42	40	39	38

127

8	9	10	11	18	20	21	23	28	27	30
7	①	2	12	17	19	22	24	26	29	31
6	3	■	56	13	16	15	25	■	32	33
5	4	55	■	57	14	39	■	37	36	34
52	53	54	58	43	42	40	38	㊆③	71	35
50	51	47	44	59	41	62	63	66	72	70
49	48	46	45	60	61	64	65	67	68	69

128

3	29	30	32	33	71	72	74	37	38	40
4	2	28	31	70	34	73	36	㊆⑤	39	41
5	①	27	18	69	68	35	44	45	42	62
6	16	17	26	19	48	67	46	43	63	61
9	7	15	25	20	49	47	66	64	54	60
10	8	24	14	21	■	50	65	53	55	59
11	12	13	23	22	■	51	52	56	57	58

129

40	41	42	35	34	33	24	23	22		
53	54	39	43	36	32	25	26	21	20	19
55	52	38	37	44	31	30	27	16	17	18
56	58	51	45	69	70	28	29	15	12	10
57	50	59	48	46	68	71	14	13	11	9
61	60	49	47	67	72	2	3	4	6	8
	62	63	64	65	66	(73)	(1)	5	7	

130

34	35	36	58	57	53	51	50	69	68	67
33	32	37	56	59	54	52	49	70	73	66
31	38	39	40	55	60	48	71	72	65	74
30	29	42	41	45	47	61	6	63	64	75
28	23	43	44	(1)	46	5	62	7	76	(77)
27	24	22	20	18	2	3	4	8	9	10
25	26	21	19	17	16	15	14	13	12	11

131

6	69	68	66	64	63	60	59	49		
7	5	70	67	65	62	61	58	48	50	52
9	8	4	71	42	43	45	47	57	53	51
10	3	72	39	41	44	46	20	23	56	54
2	11	73	40	38	37	19	21	22	24	55
(1)	12	74	(75)	36	18	33	32	30	27	25
13	14	15	16	17	35	34	31	29	28	26

132

73	72	58	57	56	55	54	4	5	6	11
74	59	71	50	52	53	2	3	7	12	10
(75)	70	60	49	51	(1)	32	33	13	8	9
69	63	61	48	36	35	34	31	14	15	16
68	64	62	46	47	37	30	28	27	19	17
67	65	44	45	41	38	29	26	22	20	18
	66	43	42	40	39	25	24	23	21	

133

42	43	44	45	2	(1)	5	8	10	11	
53	55	41	40	46	3	4	6	7	9	12
52	54	56	57	39	47	26	27	23	13	14
67	51	50	58	48	38	25	24	28	22	15
66	68	69	49	59	36	37	29	30	21	16
65	62	70	60	72	73	35	34	31	20	17
64	63	61	71	(76)	75	74	33	32	19	18

134

72	73	7	9	10	11	12	13	14	15	16
71	74	8	6	61	62	24	23	22	17	18
75	70	5	60	59	63	25	26	21	20	19
(76)	4	69	57	58	66	64	27	29	30	31
3	(1)	56	68	67	45	65	28	39	34	32
2	54	55	49	46	44	43	40	38	35	33
53	52	51	50	48	47	42	41	37	36	

135

68	69	71	73	74	75	(76)	19	14	13	
67	70	55	72	23	21	20	18	15	(1)	12
66	54	56	24	22	26	27	17	16	2	11
65	57	53	52	25	28	30	32	33	3	10
58	64	51	50	44	29	31	34	35	4	9
59	63	49	48	43	45	40	39	36	5	8
60	61	62	47	46	42	41	38	37	6	7

136

63	62	61	53	52	48	47	46	45	44	41
64	60	54	51	50	49	33	34	43	42	40
65	55	59	26	27	30	32	35	37	38	39
66	58	56	25	28	29	31	36	6	5	4
67	57	24	21	22	19	18	7	8	2	3
68	69	72	23	20	75	17	14	13	9	(1)
	70	71	73	74	(76)	16	15	12	11	10

137

	38	37	36	31	54	55	56	60	59	⑦⑥
39	40	35	32	33	30	53	57	58	61	75
41	42	49	34	51	52	29	28	73	74	62
43	45	48	50	24	25	27	①	2	72	63
44	46	47	22	23	26	4	3	71	69	64
18	19	20	21	13	10	5	6	68	70	65
17	16	15	14	12	11	9	8	7	67	66

138

67	68	69	71	72	28	27	30	4	5	①
66	64	70	73	24	26	29	31	6	3	2
65	54	63	23	74	25	34	32	7	8	9
55	53	62	22	75	⑦⑥	33	35	36	12	10
56	52	61	20	21	17	15	14	13	37	11
57	60	51	50	19	18	16	45	38	39	40
	58	59	49	48	47	46	44	43	42	41

139

30	31	32	33	17	15	14	13	4	5	
29	28	34	18	19	16	12	10	6	3	①
27	36	35	23	22	20	11	9	7	56	2
37	26	25	24	69	21	45	46	8	57	54
73	38	71	70	67	68	44	47	48	58	54
74	72	39	66	42	43	63	60	59	49	53
75	⑦⑥	40	41	65	64	61	62	50	51	52

140

21	23	24	⑦⑥	74	46	47	48	49	52	53
20	22	25	26	75	73	45	44	50	51	54
19	10	27	8	7	72	70	42	43	66	55
18	11	9	28	6	71	41	69	67	56	65
12	17	29	31	32	5	40	68	58	57	64
13	16	30	33	4	3	2	39	59	62	63
15	14	34	35	36	37	38	①	61	60	

141

26	27	22	21	①	3	75	74	71	70	69
28	25	23	20	2	76	4	72	73	68	66
32	29	24	19	17	⑦⑦	5	8	7	65	67
33	31	30	18	15	16	9	6	64	58	57
34	36	42	14	13	10	62	63	59	51	56
35	41	37	43	12	11	61	60	50	55	52
40	39	38	44	45	46	47	48	49	54	53

142

43	42	40	39	36	37	25	24	21	20	⑦⑦
44	45	41	35	38	26	27	23	22	19	76
46	47	34	32	30	29	28	71	73	75	18
50	48	33	31	67	68	70	2	72	74	17
49	51	52	53	66	65	69	①	3	5	16
57	56	60	54	64	9	8	7	6	4	15
58	59	55	61	62	63	10	11	12	13	14

143

7		9		66		⑦②		41		45
6	8	2	10	67	65	71	40	42	44	46
5	3	11	①	68	70	64	37	39	43	47
4	12	16	18	69	35	36	63	38	50	48
13	15	17	20	19	34	33	62	51	49	53
14	22	21	26	29	32	59	60	61	52	54
23	24	25	28	27	30	31	58	57	56	55

144

10	9	8	37	38	40	41	42	43	46	47
13	11	7	36	35	39	29	44	45	51	48
14	12	6	33	34	30	27	28	52	50	49
15	5	19	32	31	26	25	24	53	57	56
4	16	18	20	21	68	23	66	58	54	55
3	17	⑦②	70	69	22	67	65	59	60	62
2	①	71						64	63	61

7	6	5	4	74	72	㊆76	66	65	64	63
8	①	2	3	73	75	71	69	67	61	62
10	9	28	27	25	24	70	44	68	60	59
11	30	29	26	23	■	42	43	45	46	58
13	12	31	32	22	38	40	41	55	47	57
14	16	18	21	33	37	39	54	51	56	48
15	17	19	20	34	35	36	53	52	50	49

145

23	24	33	34	35	37	38	45	46	47	48
21	22	25	32	31	36	42	39	44	51	49
20	26	27	29	30	41	40	43	㊆75	52	50
19	7	6	28	■	71	■	74	53	54	55
16	18	8	5	4	70	72	73	65	56	57
15	17	10	9	3	①	69	66	64	58	60
14	13	12	11	2	68	67	63	62	61	59

146

45	46	47	50	52	60	61	62	63	67	66
44	■	49	48	51	53	59	57	68	64	65
42	43	■	19	13	12	54	58	56	69	70
41	39	20	18	15	14	11	55	2	①	71
38	40	21	17	16	29	28	10	3	4	72
37	34	22	23	24	30	27	9	6	5	73
36	35	33	32	31	25	26	7	8	74	㊆75

147

47	48	62	50	51	53	55	14	15	16	17
46	63	49	61	52	59	54	56	13	20	18
45	43	64	65	60	58	57	12	21	10	19
44	42	66	67	33	32	31	22	11	7	9
40	41	35	34	68	㊆75	23	30	■	6	8
39	36	70	69	74	24	25	29	5	■	2
38	37	71	72	73	26	27	28	4	3	①

148

34	33	31	30	20	8	7	6	4	3	①
35	32	29	21	22	19	9	17	5	■	2
36	28	27	25	23	10	18	16	■	67	66
38	37	26	24	11	14	15	69	68	65	63
39	45	47	12	13	54	55	56	70	62	64
40	44	46	48	51	53	74	71	57	58	61
41	42	43	49	50	52	㊆75	73	72	60	59

149

53	52	51	46	45	41	40	29	28	26	24
54	50	48	47	44	42	39	30	27	23	25
55	57	49	73	43	㊆75	37	38	31	19	22
62	56	58	72	74	36	①	32	18	20	21
63	61	■	59	71	2	35	33	17	16	15
64	■	60	70	4	3	34	7	9	11	14
65	66	67	68	69	5	6	8	10	12	13

150

70	68	67	65	64	33	32	31	30	2	3
71	69	66	63	62	34	26	27	29	①	4
72	73	57	61	35	25	23	28	17	5	6
74	56	58	60	36	24	39	22	16	18	7
75	55	54	59	37	38	40	21	19	15	8
76	53	49	48	45	44	41	20	14	11	9
㊆77	52	51	50	47	46	43	42	13	12	10

151

67	①	3	7	8	9	10	16	17	27	28
66	68	2	4	6	11	14	15	18	26	29
65	69	70	71	5	12	13	19	25	24	30
64	62	61	72	74	75	39	40	20	23	31
63	54	60	73	51	76	41	38	21	22	32
55	59	53	52	50	㊆77	42	43	37	35	33
56	57	58	49	48	47	46	45	44	36	34

152

153

10	9	14	16	17	48	47	46	45	44	
5	8	11	13	15	18	49	23	22	43	42
4	6	7	12	(76)	50	19	24	21	37	41
3	55	54	52	51	75	25	20	36	40	38
2	56	53	64	74	73	72	26	35	28	39
(1)	60	57	63	65	67	71	34	27	32	29
59	58	61	62	66	68	69	70	33	31	30

154

(76)	40	39	38	67	65	63	62	61	53	54
75	41	42	37	68	66	64	60	59	52	55
74	73	36	43	69	45	46	48	51	58	56
34	35	72	70	44	18	47	50	49	9	57
33	26	25	71	19	20	17	12	10	6	8
32	29	27	24	21	16	13	11	5	(1)	7
31	30	28	23	22	15	14	4	3	2	

155

62	60	59	56	57	54	53	52	51	(1)	
63	61	65	58	55	43	44	50	2	3	5
70	64	67	66	38	42	45	47	49	4	6
71	69	68	37	41	39	46	48	9	8	7
73	72	35	36	40	22	21	20	10	11	12
74	34	33	30	29	23	24	19	18	16	13
(76)	75	32	31	28	27	26	25	17	15	14

156

52	53	50	59	60	61	65	66	67	68	69
54	51	58	49	48	47	62	64	73	72	70
55	56	57	43	45	46	63	75	74	9	71
40	41	42	26	44	29	(76)	11	10	(1)	8
39	23	25	27	28	31	30	12	14	2	7
38	24	22	21	34	33	32	15	13	3	6
37	36	35	20	19	18	17	16	4	5	

157

60	61	62	63	34	33	32	31	20	21	
56	55	59	64	36	35	(1)	18	19	30	22
57	58	54	67	65	37	2	17	29	27	23
52	53	68	66	38	39	16	3	28	26	24
51	69	45	43	41	40	14	15	4	5	25
50	46	70	44	42	74	13	12	6	10	9
49	48	47	71	72	73	75	(76)	11	7	8

158

40	41	42	43	44	45	48	(76)	75	74	73
39	37	35	33	31	49	46	47	59	58	72
38	36	34	32	30	28	50	56	57	60	71
15	17	19	21	29	27	51	55	54	61	70
14	16	18	20	22	25	26	52	53	62	69
13	12	10	8	23	24	3	(1)	66	68	63
	11	9	7	6	5	4	2	67	65	64

159

49	48	47	53	55	56	57	12	33	31	
44	50	46	52	54	58	11	34	13	32	30
43	45	51	60	59	10	9	35	15	14	29
63	42	61	40	38	8	36	16	17	26	28
64	62	41	72	39	37	7	18	20	25	27
75	65	73	67	71	4	3	6	19	21	24
(76)	74	66	68	69	70	5	2	(1)	22	23

160

57	56	55	47	48	3	2	(1)	16	15	14
58	54	46	49	50	4	5	17	10	11	13
59	45	53	52	51	38	18	6	7	9	12
60	61	44	42	39	37	19	21	8	29	28
75	74	62	43	41	40	36	20	22	30	27
(76)	63	73	72	68	69	34	35	31	23	26
64	65	66	67	71	70	33	32	24	25	

11	10	9	8	39	41	42	43	47	⑦⑦	76
12	18	37	38	7	40	①	44	46	48	75
13	19	17	36	6	5	2	45	49	72	74
14	16	20	35	34	4	3	68	71	50	73
15	21	22	32	33	65	67	59	69	70	51
26	25	24	23	31	64	66	60	58	52	53
27	28	29	30	63	62	61	57	56	55	54

161

69	70	71	73	29	30	27	25	23	22	21
68	67	74	72	31	28	26	24	17	18	20
66	75	37	38	32	①	2	16	15	14	19
65	76	36	33	39	41	42	3	13	12	11
64	⑦⑦	34	35	40	5	4	43	44	10	46
63	61	57	58	54	6	7	8	9	45	47
62	60	59	56	55	53	52	51	50	49	48

162

65	66		72	73		⑧⑥	85		
64	67		71	74		80	84		
63	68	60	70	75	77	78	79	81	83
62	61	69	59	54	76	2	3	4	82
		58	55	53	①	7	5		
		56	57	52	51	6	8		
		48	49	50	13	11	9		
		47	37	35	14	12	10		
45	46	38	36	34	30	15	16	17	20
44	42	39	33	31	29	26	18	19	21
43	41	40	32	28	27	25	24	23	22

163

19	22				86	91		
20	21	18	23		85	92	87	90
16	17	75	24	84	28	㉝	89	88
15	74	76	25	83	27	29	33	32
14	71	73	77	26	82	30	31	34
13	72	70	66	78	80	81	35	36
12	69	67	65	79	60	41	40	37
11	①	68	64	59	61	42	38	39
	10	2	58	63	62	43	44	
	9	3	57	56	48	47	45	
		8	4	55	49	46		
		7	5	54	52	50		
			6	53	51			

164

Grid 165:

	⑨⑥	95	70	72	75	74	77	78
	94	69	68	71	73	76	80	79
89	88	93	86	67	66	82	81	
90	92	87	①	85	83	65	63	
	91	55	56	2	84	59	64	62
	53	54	3	57	58	25	60	61
52	50	9	8	4	5	24	26	
51	10	49	7	6	22	23	27	
	11	48	18	20	21	28	36	35
	12	17	47	19	29	38	37	34
13	16	46	44	42	30	39	33	
14	15	45	43	41	40	31	32	

165

Grid 166:

	24	22	20	10	9	8			
	25	29	23	21	19	11	7	6	
26	28	30	35	13	12	18	3	4	5
27	31	34	36	14	15	16	17	2	62
32	33	38	37	48	49	55	①	63	61
42	40	39	47	50	54	53	56	60	64
43	41	46	87	89	51	52	57	59	65
44	45	81	86	88	90	95	94	58	66
83	82	85	80	91	92	93	96	67	⑨⑧
	84	79	75	74	73	70	68	97	
	78	77	76	72	71	69			

166

Grid 167:

71	72	68	67	66	65	58	57	56
73	70	69	①	60	59	64	55	54
75	74	2	3	61	63	46	52	53
⑨⑨	76	78	4	62	44	45	47	51
98	79	77	5	6	43	41	50	48
80	97	91	7	8	42	39	40	49
81	90	96	92	9	38	37	36	35
89	82	93	95	10	12	13	33	34
88	83	25	94	11	31	32	14	15
87	84	26	24	23	30	21	18	16
86	85	27	28	29	22	20	19	17

167

Grid 168:

73	72	71	70	85	84	87	88	
74	78	69	80	81	86	83	89	
75	77	68	79	①	2	82	90	
76	63	64	67	3	5	7	91	
	62	66	65	4	6	8	93	92
	61	60	58	57	11	12	9	94
46	45	43	59	56	13	10	95	
47	44	41	42	55	14	⑨⑥	18	
	48	40	50	54	15	17	19	23
	39	49	53	51	16	20	24	22
38	35	33	32	52	29	25	21	
37	36	34	31	30	28	27	26	

168

169

87	89	90				27	26	25
88	86	91				28	23	24
85	84	92				29	22	21
83	93	94	98	(99)	3	30	18	20
82	95	97	(1)	2	4	17	31	19
81	45	96	35	34	5	32	16	15
80	44	46	37	36	33	6	14	8
79	43	38	47	49	51	13	7	9
78	42	39	48	50	52	53	12	10
76	77	41	40	64	65	54	55	11
75	72	71	69	63	66	61	56	57
74	73	70	68	67	62	60	59	58

170

72	73	75	76	65	78	79	80	81
71	69	74	66	77	64	83	82	(99)
70	68	67	59	62	63	84	85	98
55	57	58	61	60	87	86	95	97
54	56	■	■	■	88	94	90	96
53	51	50	■	■	■	89	93	91
52	49	45	37	■	■	■	(1)	92
48	46	44	38	36	35	2	3	4
47	43	39	27	30	32	34	7	5
42	40	26	28	29	31	33	8	6
41	25	22	20	18	15	9	10	11
24	23	21	19	16	17	14	13	12

171

27	28	30	32	33	34	47				
26	25	29	31	35	46	48	50	51		
21	22	24	37	36	45	44	49	52		
20	23	38	■	41	■	43	57	53	54	
17	19	39	40	■	42	58	59	56	55	
18	16	98	■	96	■	3	2	60	69	
15	14	(99)	97	95	4	(1)	67	68	61	70
	13	11	7	5	94	66	65	63	62	71
	12	10	8	6	90	93	85	64	72	73
		9	91	92	89	86	84	83	75	74
				88	87	82	76	77	79	
						81	80	78		

172

60	61	62	81	80	79	78	73	74
59	63	95	82	85	84	72	77	75
58	96	64	94	83	86	71	70	76
	57	97	65	93	67	87	69	
	98	56	54	66	92	68	88	
	(99)	55	52	53	91	90	89	
		51	44	42				
	49	50	45	43	40	41	28	
	48	46	38	39	31	29	27	
	47	37	34	32	30	17	26	
(1)	36	35	33	15	16	18	20	25
2	5	6	9	10	14	19	21	24
3	4	7	8	11	12	13	22	23

173

43	42	41	40	39	38	36	35	34
44	46	48	50	51	37	32	33	28
45	47	49	55	54	52	31	29	27
59	58	57	56	63	53	30	25	26
2	60	61	62	9	64	65	24	23
(1)	3	6	8	10	11	12	66	22
4	5	7	73	72	13	70	21	67
78	79	76	74	14	71	20	69	68
	77	80	75	15	16	18	19	
(99)	81	82	85	17	87	88		
	98	83	84	86	89			
	97	96	92	93	90			
		95	94	91				

174

15	14	(1)	2	3	4	45	46	47
13	16	11	9	7	5	44	43	48
17	12	10	8	6	39	40	42	49
19	18	35	36	37	38	41	51	50
	20	25	34	33	29	52	53	
	21	24	26	28	32	30	54	
		22	23	27	31	55		
	98	99	78	79	80	57	56	
	100	97	77	95	58	81	82	
101	75	76	96	59	94	85	84	83
102	103	74	60	61	64	93	86	87
104	73	71	70	63	62	65	92	88
(105)	72	69	68	67	66	91	90	89

175

80	81	82	83	85	86	91	92	93
79	76	77	(1)	84	87	90	89	94
75	78	2	3	(108)	106	88	96	95
74	67	4	5	107	7	105	98	97
68	73	66	64	6	8	104	101	99
69	72	65	63	62	9	102	103	100
70	71	60	61	57	10	11	12	14
43	44	59	58	51	56	55	13	15
42	40	45	50	49	52	54	17	16
41	38	39	46	48	53	18	21	22
37	35	32	30	47	19	20	26	23
36	33	34	31	29	28	27	25	24

176

45	44	43	41	40	38	36	35	27	26
60	46	47	42	39	37	34	28	29	25
61	59	48	49	50	21	22	33	24	30
62	58	57	56	51	18	20	23	32	31
63	95	53	52	55	19	17	10	7	8
64	96	94	54	92	16	13	11	9	6
65	101	97	93	91	15	14	12	5	4
66	102	100	98	90	88	87	86	3	2
103	67	99	70	89	72	78	77	85	(1)
104	105	68	69	71	73	76	79	82	84
106	107	108	109	(110)	75	74	80	81	83

177

14	15	17	18	19	20	101	100	99		
12	13	16	24	25	22	21	107	102	97	98
11	10	■	26	23	115	108	106	■	103	96
7	9	27	■	116	109	114	■	105	104	95
8	6	28	(117)	36	113	110	111	46	94	93
(1)	3	5	29	37	35	112	44	45	47	92
2	4	30	31	34	38	40	43	48	91	90
59	57	■	32	33	39	41	42	■	49	89
60	58	56	■	■	■	■	■	50	79	88
61	63	65	55	54	53	52	51	78	80	87
62	64	66	69	71	73	75	77	81	84	86
	67	68	70	72	74	76	82	83	85	

178

	(1)	6	8	10	12	16	17	18	
	2	5	7	9	11	13	15	19	
	3	4	30	29	28	27	14	20	
		40	31	32	115	114	26	25	21
		39	41	33	113	116	24	109	22
		42	38	34	117	112	110	23	108
	45	43	37	35	84	118	111	107	
	46	44	36	86	85	83	119	106	
	47	48	91	87	82	(120)	104	105	
51	49	90	88	92	81	94	103		
52	50	89	79	80	93	102	95		
54	53	56	78	77	101	100	96		
	55	58	57	76	67	74	99	97	
	59	61	63	66	75	68	73	98	
	60	62	64	65	69	70	71	72	

179

25	23	22	21	4	5	6	65		
28	26	24	20	2	3	7	67	66	64
29	27	19	18	(1)	8	69	68	63	62
31	30	15	16	17	9	70	58	59	61
32	14	78	77	10	71	57	54	55	60
33	79	13	11	76	75	72	56	53	52
80	34	(132)	12	74	73	43	42	50	51
82	81	35	131	37	39	41	44	49	48
83	129	130	36	38	117	40	45	46	47
86	84	128	119	118	116	115	114	113	111
87	85	127	124	120	122	100	101	110	112
88	126	125	91	123	121	99	103	102	109
	89	90	95	92	98	104	105	108	
		94	93	96	97	106	107		

180

122	121	117	118	112	111	110	109	108	104	103
123	120	119	116	115	113	88	89	107	105	102
124	126	83	82	114	87	92	90	106	101	100
125	127	81	84	86	93	94	91	41	42	99
128	80	79	85	36	37	95	96	40	98	43
129	29	30	78	76	35	38	39	97	44	46
130	31	28	77	34	75	71	70	69	45	47
131	27	32	33	74	73	72	67	68	48	49
(132)	26	17	2	3	4	66	62	61	51	50
20	25	18	16	(1)	5	65	63	60	52	53
21	19	24	15	6	7	10	64	59	57	54
22	23	14	13	12	11	8	9	58	56	55

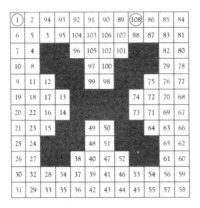

181

(1)	2	94	93	92	91	90	89	(108)	86	85	84
6	5	3	95	104	103	106	107	88	87	83	81
7	4	■	■	96	105	102	101	■	■	82	80
10	8	■	■	■	97	100	■	■	■	79	78
9	11	12	■	■	99	98	■	■	75	76	77
19	18	17	13	■	■	■	■	74	72	70	68
20	22	16	14	■	■	■	■	73	71	69	67
21	23	15	■	■	49	50	■	■	64	63	66
25	24	■	■	■	48	51	■	■	■	65	62
26	27	■	■	38	40	47	52	■	■	61	60
30	32	28	34	37	39	41	46	53	54	56	59
31	29	33	35	36	42	43	44	45	55	57	58

182

(132)	131	130	100	99	71	73	74	75	78	79	82
127	129	101	102	70	98	72	76	77	80	81	83
128	126	103	69	62	61	97	96	95	94	84	85
125	104	68	■	■	63	60	■	■	93	91	86
105	124	67	■	64	59	58	56	■	92	90	87
106	107	123	66	65	51	52	57	55	22	89	88
120	108	122	48	47	50	53	54	23	21	(1)	2
119	121	109	■	49	46	45	24	■	20	5	3
118	111	110	■	■	44	25	■	19	6	4	
117	112	38	37	43	29	28	26	18	7	8	9
116	113	39	42	36	34	30	27	17	15	13	10
114	115	40	41	35	33	32	31	16	14	12	11

183

55	56	57	58	59			68	69	72	73	74
54	52	50	49	48	60	67	66	70	71	83	75
53	51	2	(1)	47	62	61	64	65	84	82	76
36	3	4	5	46	7	63	133	132	85	81	77
37	35	34	45	6	(136)	8	134	131	86	80	78
	38	44	33	10	9	135	130	88	87	79	
	43	39	11	32	31	30	129	89	90	92	
42	40	12	13	28	29	127	128	111	91	95	93
41	18	15	14	27	124	126	112	110	96	105	94
17	16	19	26	123	125	113	109	97	98	106	104
21	20	25	122	121	118	117	114	108	107	99	103
22	23	24	120	119			116	115	100	101	102

184

117	116	115	114	130	131	23	22	16	17	13	12
124	118	126	129	113	24	(132)	21	15	14	18	11
123	125	119	127	128	112	25	31	20	19	8	10
122	120	■	■	111	26	32	30	■	■	7	9
121	107	■	■	110	27	29	33	■	■	2	6
106	104	108	109	100	28	37	36	34	(1)	3	5
105	103	102	101	97	99	38	35	44	45	47	4
92	93	94	95	96	98	39	42	43	46	49	48
86	91	90	89	■	40	41	■	61	60	50	52
85	87	88	76	75	■	■	62	63	59	53	51
84	82	80	77	74	70	69	67	64	58	57	54
83	81	79	78	73	72	71	68	66	65	56	55

185

	14	112	113	114	115	116	118	119			
	27	15	13	111	110	108	117	125	124	120	
26	16	28	29	12	10	109	107	106	126	123	121
25	17	30	32	11	9	8	7	127	105	104	122
24	18	31	33	4	5	6	(132)	128	130	103	102
23	21	19	35	34	3	(1)	90	131	129	100	101
22	20	36	43	60	2	93	91	89	97	98	99
38	37	42	59	44	61	92	94	96	88	87	86
39	41	58	54	45	62	64	65	95	80	82	85
40	57	55	53	46	63	67	66	79	81	83	84
	56	52	50	47	68	70	72	75	78	77	
		51	49	48	69	71	73	74	76		

186

■	84	82	81	79	107	108	(136)	135	117	118	■
85	■	83	80	78	106	109	115	116	134	■	119
86	75	76	77	105	110	114	48	47	133	120	121
87	89	74	104	111	113	50	49	132	46	45	122
88	90	72	73	103	112	51	40	131	130	44	123
70	71	91	102	101	52	39	38	41	129	43	124
69	66	92	93	100	99	53	37	36	42	128	125
67	68	65	62	94	98	97	54	35	34	127	126
7	6	64	63	61	95	96	56	55	22	33	24
8	10	5	12	60	59	57	20	21	32	23	25
9	■	11	4	13	58	16	19	31	29	■	26
■	(1)	2	3	14	15	17	18	30	28	27	■

187

67	69	70	71	72			104	105	125	124	127
66	68	98	73	100	102	103	106	109	123	126	128
65	64	97	99	74	101	107	108	122	110	129	130
61	62	63	96	95	75	93	121	120	112	111	131
60	58	57	77	76	94	92	114	113	119	133	132
		59	56	78	80	91	115	117	118	134	5
		55	54	79	90	81	116	(136)	135	4	6
50	51	52	53	88	89	82	83	3	11	10	7
49	48	47	45	87	86	84	2	(1)	12	9	8
36	35	46	43	44	85	28	23	22	13	14	15
37	39	34	42	31	30	29	27	24	21	18	16
38	40	41	33	32			26	25	20	19	17

188

	23	22	21	96	95	93	89	88	86	85	
24	25	26	20	97	98	94	92	90	87	84	83
29	28	27	19	17	99	100	102	91	79	80	82
30	32	33	34	18	16	101	103	78	105	139	81
31	37	36	35	15	11	76	77	104	138	106	(140)
42	40	38	14	12	10	9	75	137	107	108	109
43	41	39	13	68	69	8	74	73	136	110	112
45	44	65	66	67	7	70	4	72	135	113	111
46	47	48	64	63	6	5	71	3	134	115	114
52	51	49	58	62	127	128	2	133	120	116	117
53	50	57	61	59	129	126	132	(1)	121	119	118
54	55	56	60	130	131	125	124	123	122		

189

	74	75	76	77	78	79	83	84		
	73	69	67	65	63	61	82	80	85	88
72	70	68	66	64	62	60	59	81	89	86	87
71	31	32	■		57	58	■	91	90	95
29	30	33	■		56	55	■	92	94	96
28	27	34	10	9	8	54	53	52	99	93	97
26	25	35	11	7	6	50	51	100	98
	24	12	36	37	5	49	3	101
23	15	13	39	38	48	4	102	2	(1)
22	16	14	40	41	42	47	103	104	107	106	109
21	20	17		46	43		105	108	110
	19	18		45	44		(112)	111

190

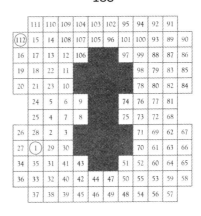

111	110	109	104	103	102	95	94	92	91
(112)	15	14	108	107	105	96	101	100	93	89	90
16	17	13	12	106	■	■	97	99	88	87	86
19	18	22	11	■	■		98	79	83	85
20	21	23	10	■			78	80	82	84
	24	5	6	9	■		74	76	77	81
	25	4	7	8	■		75	73	72	68
26	28	2	3	■			71	69	62	67
27	(1)	29	30	■			70	61	63	66
34	35	31	41	43	■		51	52	60	64	65
36	33	32	40	42	44	47	50	55	53	59	58
37	38	39	45	46	49	48	54	56	57

191

17	18	19	20	25	26	27	46	47	48	50	■
16	14	21	23	24	28	40	45	44	49	■	51
15	13	4	22	29	31	39	41	43	■	53	52
(1)	3	12	5	30	38	32	42	■	58	54	56
2	11	7	6	37	35	33	■	59	131	57	55
10	8	74	73	36	34	■	63	60	(132)	130	129
9	75	78	72	71	■	64	68	62	61	122	128
76	77	80	79	■	70	69	65	67	123	121	127
83	82	81	■	97	101	100	103	66	124	120	126
84	86	■	96	98	99	102	105	104	112	125	119
85	■	87	90	95	94	106	109	113	111	115	118
■	88	89	91	92	93	107	108	110	114	117	116

192

87	88	89	93	94	103	104	105	108	109	113	114
82	86	90	92	95	102	101	107	106	112	110	115
83	81	85	91	96	97	100	39	40	111	116	(132)
80	84	■	98	99	38	41	■	131	117
79	75	■	45	44	42	37	■	130	118
78	76	74	47	46	43	35	36	128	129	122	119
77	49	48	73	66	67	34	126	127	123	120	121
50	51	52	65	72	71	69	33	125	124	18	19
55	54	53	64		69	70	■	32	17	21	20
56	57	63	62	7	■		15	16	31	22	23
3	4	58	6	61	8	11	13	14	29	30	24
2	(1)	5	59	60	9	10	12	28	27	26	25

193

132	131	81	80	79			113	91	111	110	108
133	130	82	84	78	115	114	92	112	90	107	109
134	129	83	77	85	86	116	93	89	106	104	102
135	128	76	126	118	117	87	88	94	105	103	101
(136)	75	127	125	123	119	120	95	96	97	98	100
	72	74	124	46	122	121	21	19	17	99	
	71	73	45	44	47	22	20	18	16	14	
70	68	66	43	49	48	39	23	24	15	12	13
69	67	65	50	42	40	38	28	27	25	11	10
63	64	59	51	41	37	35	29	26	7	8	9
62	60	58	55	52	36	34	33	30	(1)	6	4
61	57	56	54	53			31	32	2	3	5

194

131	130	129	120	121	122	116	115	114	113	112	111
132	126	128	119	123	117	95	96	97	107	109	110
133	127	125	124	118	52	53	94	98	108	106	105
134	136	137	50	51	55	54	93	89	99	100	104
135	35	36	138	49	56	57	92	90	88	101	103
33	34	37	139	48	■	■	58	91	86	87	102
32	30	(140)	38	47	■	■	59	62	63	85	84
31	29	28	39	41	46	60	61	64	80	81	83
26	27	16	40	42	43	45	65	67	69	79	82
25	17	15	13	11	10	44	66	68	78	70	71
22	24	18	14	12	9	5	2	3	77	75	72
23	21	20	19	8	7	6	4	(1)	76	74	73

195

	124	123	121	120	115	114	113	112			
	131	125	122	116	119	109	108	111			
(134)	132	10	130	126	128	117	118	110	107	106	105
133	9	3	11	129	127	61	63	85	86	88	104
8	4	2	(1)	12	60	62	84	64	87	89	103
7	5	31	30	59	13	83	81	79	65	90	102
6	32	36	58	29	14	82	80	78	66	91	101
33	35	37	57	28	26	15	77	76	67	92	100
34	38	42	56	27	25	23	16	75	68	93	99
39	41	43	47	55	24	22	17	74	69	94	98
40	44	46	48	51	54	21	18	73	70	95	97
	45	49	50	52	53	20	19	72	71	96	

196

2	3	4	13	14	19	21	30	31	33	35	36
(1)	6	5	12	15	18	20	22	29	32	34	37
8	7	10	11	17	16	23	25	27	28	38	39
119	9	■	■	58	59	24	26	■	■	41	40
120	118	■	■	57	60	52	53	■	■	44	42
117	121	63	62	61	56	51	54	49	48	45	43
116	64	122	66	126	128	55	50	(132)	46	47	75
115	123	65	125	67	127	129	130	131	72	74	76
114	112	124	100	■	68	69	■	71	73	79	77
111	113	102	101	99	■	■	70	88	87	80	78
110	107	106	103	98	95	92	93	89	86	84	81
109	108	104	105	97	96	94	91	90	85	83	82

197

■	(1)	14	16	17	20	21	43	44	45
2	■	13	15	18	19	22	42	40	46
3	12	■	35	36	23	24	39	41	47
4	6	11	■	34	37	38	25	48	49
5	7	10	33	■	30	28	27	26	50
92	8	9	32	31	■	29	57	58	51
91	93	95	99	100	101	■	59	56	52
90	94	96	98	102	61	60	■	53	55
88	89	84	97	103	62	63	124	■	54
87	85	82	83	104	(136)	64	123	125	■
86	81	77	105	106	65	135	121	122	126
80	78	76	68	66	107	134	■	120	127
79	75	69	67	108	■	132	133	128	119
74	72	70	■	109	131	130	129	115	118
73	■	71	110	111	112	113	114	117	116

198

	48	47	5	6	7	8	11	12	
52	51	49	46	4	9	10	13	14	15
	53	50	3	45	44	23	22	16	
54	(1)	2	42	43	25	24	21	19	17
	55	58	63	41	40	26	20	18	
56	57	62	59	64	39	38	27	28	29
	113	114	61	60	65	37	36	30	
112	115	106	105	104	66	67	35	33	31
	111	116	107	103	68	70	34	32	
110	109	108	117	102	69	71	72	73	74
	121	120	118	101	81	80	79	75	
122	123	119	100	95	82	83	78	77	76
	125	124	99	96	94	93	84	85	
127	126	98	97	(134)	132	92	86	87	88
	128	129	130	131	133	91	90	89	

199

19	18	17	63	62	61	60	59	58	57
20	16	12	64	10	9	7	6	4	56
21	13	15	11	65	70	8	5	3	55
22	14	73	74	71	66	69	68	2	54
23	34	35	72	75	76	67	(1)	51	53
24	32	33	36	37	77	78	79	50	52
25	29	31	129	128	38	39	49	80	81
28	26	30	130	127	40	48	47	84	82
117	27	131	132	126	42	41	85	46	83
118	116	133	124	125	105	43	45	86	88
119	134	115	123	106	107	104	44	87	89
120	135	122	114	108	109	102	103	92	90
136	121	113	112	110	100	101	97	93	91
137	138	139	(140)	111	99	98	96	95	94

200

24	23	22	13	12	10	112	111	109	107	106	105
25	27	21	14	9	11	113	114	110	108	103	104
26	20	28	15	8	6	5	4	115	134	102	132
53	29	19	16	7	118	3	116	135	101	133	131
52	54	30	18	17	119	117	2	136	99	100	130
51	56	55	31	34	139	120	137	(1)	123	98	129
57	50	32	33	35	140	138	121	122	97	124	128
49	58	59	60	36	141	88	89	90	96	125	127
48	40	39	61	37	143	142	87	85	91	95	126
47	41	62	38	(144)	67	68	86	84	83	92	94
46	43	42	63	66	69	72	74	76	78	82	93
45	44	64	65	70	71	73	75	77	79	80	81

143	142	140	138	137	131	130	5	6	7
144	141	139	136	132	129	2	4	8	10
145	147	135	133	126	128	(1)	3	9	11
146	77	148	134	125	127	68	67	12	13
78	149	76	124	73	72	69	66	65	14
(150)	79	75	74	123	71	70	16	15	64
80	82	120	121	122	117	19	18	17	63
81	83	84	119	118	116	20	21	23	62
99	100	86	85	115	26	25	24	22	61
98	87	101	114	27	41	43	45	46	60
88	97	102	113	28	40	42	44	59	47
89	96	103	112	29	31	39	49	48	58
90	95	104	111	30	32	38	50	52	57
91	94	105	107	110	33	37	51	53	56
92	93	106	108	109	34	35	36	54	55

201

145	146	147	133	132	129	130	120	119	118
143	144	134	148	149	131	128	121	117	115
142	141	137	135	(150)	127	122	123	116	114
140	138	136	17	27	26	126	124	112	113
139	15	16	28	18	25	125	111	109	108
14	13	29	11	19	21	24	110	106	107
31	30	12	10	20	22	23	105	104	103
33	32	9	7	94	95	97	86	85	102
34	5	6	8	93	96	87	98	101	84
4	35	36	92	89	88	99	100	72	83
3	2	37	39	91	90	70	71	73	82
61	(1)	38	40	41	68	69	45	74	81
60	62	63	64	42	67	44	46	75	80
59	57	55	65	66	43	49	47	76	79
58	56	54	53	52	51	50	48	77	78

202

126	127	123	122	119	118	117	116	115	85
125	124	128	121	120	110	111	114	86	84
142	144	145	129	131	109	112	113	87	83
143	141	146	132	130	108	95	88	89	82
140	135	133	147	149	96	107	94	81	90
139	136	134	148	97	(150)	93	106	91	80
138	137	15	98	99	18	105	92	78	79
11	12	14	16	17	100	19	104	77	76
10	9	13	43	42	101	20	103	22	75
6	8	44	46	41	38	102	21	23	74
7	5	45	47	40	39	37	28	73	24
4	54	53	49	48	36	29	27	25	72
55	3	52	50	35	33	30	26	69	71
56	(1)	2	51	34	31	32	64	68	70
57	58	59	60	61	62	63	65	66	67

203